JN076288

新会計基礎論

第3版

大阪経済大学会計学研究室編

東京 森山書店 発行

ま　え　が　き

　簿記や会計について，皆さんはどのようなイメージを持っているだろうか。これまで初めてこの分野を学ぶ学生からは、数字がたくさん出てきて難しそう、数学が苦手なので不安、というような声を聞いた。しかしながら、これらは簿記・会計のことをあまり知らないために感じてしまった漠然とした不安であろう。

　皆さんがこの本で勉強する内容は，金融や証券などの分野に関わらず，社会人として将来活躍するための必須の知識である。経済学や経営学に比べると，会計学という言葉はこれまで耳にする機会が少なかったかもしれない。しかし，経済学にとって重要な景気の判断は，個々の企業の業績から成り立っている。そして，経営学にとって重要な企業の財政状態や経営成績は，簿記と会計によって導かれる。経済学，経営学も会計無しでは成立しないと言える。

　一個人としても，金融機関での業務はもちろん，そうでなくても社会人として取引相手および自分が勤めている会社の財務状況を知っておくことは非常に重要である。また，会計学を学ぶといくつかの専門職に直結する。個人や中小企業の税務相談を行う税理士，大企業の監査を行う公認会計士，適切な納税によって国や地方の財源を支える国税専門官などである。これらの職業にもぜひ興味を持ってほしい。

　大学での学びは、高校生までのそれと比較してまったく別のものと言っても過言ではない。高校生までの勉強は、教科書の内容を理解または覚えることが中心で、その教科書は共通の指針のもとに作成されている。すなわち学習する内容に大きな差はなく、正答が用意されていた。

　しかし，社会科学（経済学、経営学、会計学、社会学など）が求める答えは一

つとは限らない。時代や場所が変われば答えも異なることがある。例えば、自然環境が人間の活動を無限に受け入れると考えられていた時代と現在とでは、社会科学に期待される役割は変化している。また、時代が同じだったとしても先進国と途上国もしくは政治体制の違いによって答えが異なることもある。それが面白さであり、難しさでもある。

　大学では，講義の担当者が自ら教科書を選んだり作成している。研究成果として公表した資料や書籍を利用することもある。基礎科目には共通して学ぶ内容があるが，同じ科目であっても大学によって学ぶ内容や範囲には個性がある。

　本書は、会計学を専門とする大阪経済大学の教員が初学者のために執筆したものである。第1章では，会計学の全体像，会社と証券市場の仕組みや会計情報の読み方を概説している。第2章では簿記を学習する。簿記は企業の日常の取引を記録し財務諸表を作成する仕組みで簿記検定の取得にもつながっている。第3章では会計理論を学習する。財務諸表を作成するルールおよび，第2章で計算された数値の仕組みや意味について，より深く学習する。これらは簿記検定の上位にある税理士試験や公認会計士試験の基礎となる。

　最後に，大学生活では机に向っての勉強のみならず，長期休暇を利用してのボランティア活動、留学や国内外を問わず旅行などにも積極的に取り組んで欲しい。それらによって得られる出会いや経験は，様々な講義によって得られる知識と同様に価値がある。皆さんの学生生活が，一生の宝物になることを心より願っている。

　2024年早春

執筆者を代表して

宮 武 記 章

目　　次

第1章　会計の役割と制度

第2章　複式簿記の仕組み

第3章　株式会社の会計

第1章 会計の役割と制度

第1節 会計の役割

1−1. 会計の役割と利害関係者

　会計という言葉を初めて耳にした時，どのようなイメージを持っただろうか。恐らく，お金の計算，難しい計算式や数字がたくさん出てくる，などではないだろうか。実際，それらのイメージは大きく間違っているわけではない。ただし，これから会計を学んでいくために，ここではまず，会計の役割を掴んでほしい。

　会計の定義を端的に述べるなら，「経済的情報を認識し，測定し，伝達するプロセス」である。第2章で学ぶ簿記は，このプロセスを実行するために必要となる技術で，日々の取引や経済的情報を記録し利益を計算する役割を担っている。

　簿記もしくは会計の歴史は古く，世界最初の簿記書『スンマ』は1494年にルカ・パチョーリによって，ヴェネツィアで出版された。信用取引を含めた商取引が活発になり信用できる記録が求められたことが背景にある。経済的情報を処理する仕組みは，国内でも江戸時代の豪商などに見られたが，明治に入り，西洋の技術や政治を取り入れる過程で，福沢諭吉や渋沢栄一らによって現在につながる簿記・会計がもたらされた。

　会計の役割は，取引が発生した後の記録に始まり，損益を計算し，その結果

を利害関係者に伝えることである。どのような取引をするかは経営者，報告を
受けてどのような行動を取るかは利害関係者の判断となる。

会計の役割

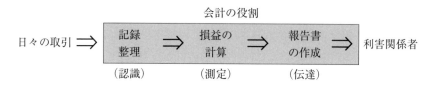

ある企業を対象とした場合の利害関係者とは，その企業の活動や利益に関す
る報告書によって何らかの影響や意思決定が必要になる集団である。狭い範囲
での利害関係者は，その企業への出資者や債権者で利益情報が重要となる。範
囲を広げると，税収や補助金などで情報が必要となる政府や自治体，その会社
での待遇や将来性の観点から従業員，ビジネスの相手として信頼性を必要とす
る取引先，地域の環境や社会的な側面から地域住民なども利害関係者に含まれ
る。

1－2. 様々な分野の会計

本書で「会計」と述べた場合，通常は「企業会計」もしくは「財務会計」を
意味している。しかしながら，会計の分野はその他にも広く，いくつかに分類
される。図には示していないが，財務会計および税務会計を制度会計，管理会
計およびCSR（企業の社会的責任）会計を非制度会計とする分類もある。

管理会計は，経営者もしくは各部門や各階層の管理者のために企業の経済活
動を測定し伝達するものである。財務会計が外部の利害関係者に情報を報告す
るのに対して，管理会計は機密事項を含んだ内部情報を企業内部の管理者に報
告する。そのため，前者を外部報告会計，後者を内部報告会計と呼ぶこともあ
る。管理会計では予算管理，原価管理，資金繰り管理や経営分析などが行われ
る。本書では管理会計を体系的に説明することはないが，経営分析の一部は財
務会計とも関連するため本章で学習する。

税務会計は，法人税の対象となる課税所得を求めるための会計である。財務

会計が「収益 − 費用 ＝ 利益」と計算するのに対して，税務会計では「益金 − 損金 ＝ 所得」と計算する。双方に大きな差はないが，受取配当金（益金不算入：会計上は利益であるが益金には含めない），計画外の役員報酬・上限を超えた交際費（損金不算入：会計上は費用であるが損金には含めない）などにより利益と益金に差が生じる。本書では税務会計を体系的に説明することはないが，財務会計と関連する内容について第3章第8節で学習する。

対象となる組織による分類

個人・家庭	⇒	家計
営利目的の組織	⇒	企業会計
非営利目的の組織 （政府，自治体，学校法人， 宗教法人，各種NPOなど）	⇒	非営利会計

報告の対象による分類

債権者・投資家	⇒	財務会計
社内の経営管理者	⇒	管理会計
税務署	⇒	税務会計
地域や社会全体	⇒	CSR会計・サステナビリティ会計

1−3. 非財務情報と会計

　近年，気候変動やSDGs（持続可能な開発目標）に関連する情報は，企業の将来性を判断するための情報としても重要性を増している。SRI（社会的責任投資）の市場規模の拡大や国連が提唱しているPRI（責任投資原則）の広まりによって，資金を融資する側である金融機関や投資家も，その判断に売上高や利益などの従来の会計情報に加えてCSRもしくはESG情報を取り入れるようになってきたからである。ESGとは，（Environment：環境），（Social：社会），（Governance：ガバナンス）の3つの頭文字からできた用語である。ガバナンスはコーポレートガバナンス（企業統治）ともいわれ，不正防止やあらゆる問題に迅速な対応ができる企業内の管理体制を示している。

　CSR会計では，温室効果ガスの排出量，電力や水の使用量，地域社会への貢献，従業員への福利厚生，SDGsへの取り組みなどの情報を整理した報告書が作成されている。報告書の名称は，環境報告書，サステナビリティ報告書，CSR報告書など様々である。また財務情報を加えた統合報告書を作成している企業もある。開示される情報は原則としてガイドラインに基づいているが，そのガイドラインは複数あり，法律によって要求されているものではないた

め，公表される情報は各企業によって差が大きい。

　そのため，これらは非制度会計の枠組みに属するが，制度会計における国際的な会計基準の設定主体であるIFRS財団[1]が2021年にISSB（国際サステナビリティ基準審議会）を設立し，国内でもFASF（財務会計基準機構）が2022年にSSBJ（サステナビリティ基準委員会）を発足させた。CSRやサステナビリティに関連する情報には，これまで複数の基準が存在し，信頼性や比較可能性などに問題を抱えていたが，開示基準の急速な進展が期待される。

非財務情報に関連する用語

CSR：Corporate Social Responsibility：企業の社会的責任
SDGs：Sustainable Development Goals：持続可能な開発目標
SRI：Socially Responsible Investment：社会的責任投資
PRI：Principles for Responsible Investment：責任投資原則
ESG：（E：Environment：環境），（S：Social：社会），（G：Governance：ガバナンス）

国際的な組織

IFRS財団：The IFRS Foundation
　IASBとISSBを傘下に持つ。

IASB（International Accounting Standards Board：国際会計基準審議会）
　IFRS（International Financial Reporting Standards）を開発・公表する。

ISSB（International Sustainability Standards Board：国際サステナビリティ基準審議会）
　サステナビリティ開示基準を開発・公表する。

＊IASBについては本章第4節で学習する。

日本国内の組織

FASF（Financial Accounting Standards Foundation：財務会計基準機構）
　ASBJとSSBJを傘下に持つ。

ASBJ（Accounting Standards Board of Japan：企業会計基準委員会）
　IFRSと協力しながら日本の会計基準を開発・公表する。

SSBJ（Sustainability Standards Board of Japan：サステナビリティ基準委員会）
　ISSBと協力しながらサステナビリティ開示基準を開発・公表する。

＊ASBJについては本章第4節で学習する。

第2節 会社の仕組みとディスクロージャー制度

2−1. 会社の種類

　本書が対象としている組織は，主として株式会社である。そして会計の役割を理解する上で，会社についての知識は不可欠である。ちなみに会社と企業は同じような使われ方をすることが多いが，完全な同義語ではない。企業とは営利の目的で継続的に事業を経営する主体であり，会社のみならず営利を目的とした団体や法人なども含まれている。それに対して会社は，会社法により「株式会社」，「合名会社」，「合資会社」，「合同会社」の4つが定められている。なお，株式会社を除く3つをまとめた名称として「持分会社」がある。これらの他に「有限会社」があるが，2006年の会社法改正により新規で設立することができなくなっている。

　持分会社の特徴は，①出資者が社員となり経営に参加すること，②合名会社と合資会社には無限責任となる社員がいること，③株式会社と比較して設立の費用や手続きが簡易であること，④株式を発行できないこと，などである。無限責任を有する社員は，会社が負債を返済できない時に個人の財産を処分してでも債権者に支払う義務がある。それに対して有限責任であれば，会社が倒産して債権者に返済できない場合でも，自らの出資額を放棄する以上の責任を負うことはない。

会社の種類と特徴

	株式の発行	出資者の責任
株式会社	○	有限
合名会社	×	無限
合資会社	×	有限と 無限（一部の社員）
合同会社	×	有限

2−2. 株式会社の特徴

広く知られている会社の大半は株式会社の形態をとっており，証券市場を通して株式を発行し，資金調達する上場会社でもある。株式会社が選択される理由には，①有限責任，②幅広い投資家からの資金調達，③所有と経営の分離，などがある。①は会社が多額の負債を抱えて倒産した場合に，出資者（株主）の責任は出資額までとなること。②は株式を発行することによって返済不要な資金を調達できること。ただし，株主は会社が営業活動によって獲得した利益の一部を配当金として受け取る権利がある。③は営業活動の責任者である代表取締役その他の役員は株主である必要がないこと。会社の所有権は株主に属しているが，株主はその会社の事業活動を拡大させるのにふさわしい人材を社内はもちろん社外からも選ぶことができる。

2−3. 上場するメリットとデメリット

（1）上場するメリット

株式会社のメリットの一つは投資家からの資金調達であるが，会社を設立すれば簡単に必要な資金が集まるわけではない。投資家は無数に存在する会社の中から自由に投資先を選別することができる。そのため株式会社は，自社の財政状態，営業成績や将来性などを公表し，自社が魅力的な投資先であることをアピールしなければならない。

その重要な手段となるのが上場することである。そのためには証券取引所の審査基準を満たす必要があるが，上場企業であることは一定の信頼性を満たしている証明ともなる。取引が有利に進んだり，銀行からの融資を受けやすくなったり，従業員の意識の向上なども期待できる。そして，投資家は証券会社を通して自由に上場企業の株式を売買できる。

国内の証券取引所は，東京証券取引所（東証）の他に札幌・名古屋・福岡にあるが，上場企業数および売買代金は東証が他を圧倒している[2]。東証には会社の規模や目的に応じた3つの市場（プライム市場，スタンダード市場，グロース市場）があり，それぞれ異なる上場基準が設けられている[3]。なお，2023年

末時点で東証の3つの市場に上場している会社の合計は3,843社であった（外国の6社を含む）。

①プライム市場

多くの機関投資家の投資対象になりうる規模の時価総額（流動性）を持ち，より高いガバナンス水準を備え，投資家との建設的な対話を中心に据えて持続的な成長と中長期的な企業価値の向上にコミットする企業向けの市場。

②スタンダード市場

公開された市場における投資対象として一定の時価総額（流動性）を持ち，上場企業としての基本的なガバナンス水準を備えつつ，持続的な成長と中長期的な企業価値の向上にコミットする企業向けの市場。

③グロース市場

高い成長可能性を実現するための事業計画及びその進捗の適時・適切な開示が行われ一定の市場評価が得られる一方，事業実績の観点から相対的にリスク

東京証券取引所の上場審査基準

	プライム市場	スタンダード市場	グロース市場
株主数	800人以上	400人以上	150人以上
流通株式数	2万単位以上	2,000単位以上	1,000単位以上
流通株式時価総額	100億円以上	10億円以上	5億円以上
流通株式比率	35%以上	25%以上	25%以上
時価総額	250億円以上		
事業継続年数	3年以上 （株式会社として）	3年以上 （株式会社として）	1年以上 （株式会社として）
純資産の額	50億円以上（連結）	プラスであること（連結）	
利益の額または売上高	利益：25億円以上 （最近2年間の利益の総額） 売上高：省略	利益：1億円以上 （最近1年間の利益） 売上高：基準なし	
監査人による監査	必要	必要	必要
上場審査料	400万円	300万円	200万円
新規上場料	1,500万円	800万円	100万円

出所：日本取引所グループwebページ「上場審査基準」，「新規上場ガイドブック」より作成。

が高い企業向けの市場。

(2) 上場するデメリット

　株式会社は，証券取引所に上場することによって一般の投資家から資金調達が可能となり，会社の信頼性を高めることもできる。しかしながら，上場には次のようなデメリットもある。①新規上場と上場維持のコスト，これらには金銭的な負担のみならず，上場関連の資料作成や組織の見直し，有価証券報告書の作成なども含まれる。②株主関係のコスト，多数の株主へ定期的に財務報告資料を郵送し，毎年株主総会を開催しなければならない。総会では経営方針や配当金の額などについて株主の理解を得る必要がある。③買収のリスク，第三者が株式を大量に取得すれば，他の株主や経営陣の意向を無視して会社の経営権を手に入れることができてしまう。

　そのため知名度の高い大企業であっても非上場を選択することがある。例えば，サントリー，竹中工務店，ヤンマーなどは上場していないが，すでに知名度や信頼性は十分であり，非上場を理由に他社との取引や競争，銀行からの融資や従業員の採用に際して不利になる可能性はほとんどない。

2−4. ディスクロージャー制度

　株式会社には多様な利害関係者がいる。特に株主や債権者および税務署などは，対象となる会社の財務情報を正確に知る権利もしくは知る必要がある。そのためすべての株式会社は「会社法」によって計算書類（貸借対照表や損益計算書など）を作成し，株主や税務署への報告の義務がある。

　上場している場合は，さらに「金融商品取引法」によって会社の概要，株主の状況や財務諸表を記載した「有価証券報告書」の作成と公開が求められる[4]。有価証券報告書には財務情報はもちろん，その会社に関する情報が広範囲かつ詳細に記載されており，100頁を超えることが多く会社によっては150頁や200頁ほどになることもある。財務諸表（貸借対照表や損益計算書など）は，第一部第5「経理の状況」に含まれている。

　有価証券報告書は監査法人もしくは公認会計士の監査を受ける必要がある。

非上場企業には原則として有価証券報告書を作成する義務はないが，いくつかの条件に該当する場合は作成しなければならない。有価証券報告書を作成しない場合も，会社法の規定により大会社（資本金が5億円以上，または負債金額が200億円以上）に分類される場合は，その影響の大きさから計算書類について監査を受ける義務がある。

　有価証券報告書は，情報量が多く監査を受ける必要もあるため公表されるまでに時間がかかってしまう。決算日から3ヵ月以内に作成することが定められているが，証券市場は毎日開いており，それでは遅すぎると考える投資家も多い。そのため，情報を限定し，監査を受ける義務を省略することで公表までの時間を短縮したものが「決算短信」である。決算短信は決算日から30日前後で公表されることが多く，有価証券報告書には記載されていない業績予想が含まれている。決算短信の本体ともいえるサマリー情報は1頁から2頁ほどにまとめられている。なお有価証券報告書は中間決算時にも作成され，決算短信は四半期ごとに作成される。ディスクロージャー制度については第3章第2節でも学習する。

有価証券報告書の構成	決算短信の構成
第一部　企業情報	（サマリー情報）
第1　企業の概況	1．連結業績
第2　事業の状況	2．配当の状況
第3　設備の状況	3．業績予想
第4　提出会社の状況	（添付資料）
第5　経理の状況	1．経営成績等の概況
第6　提出会社の株式事務の概要	2．会計基準の選択に関する基本的な考え方
第7　提出会社の参考情報	3．連結財務諸表及び主な注記
第二部　提出会社の保証会社等の情報	＊サマリー情報は1頁から2頁ほど
監査報告書	

第3節　会計情報の読み方

3－1. 決算短信（サマリー情報）

　ここでは実際の決算短信のサマリー情報に似せて作成した資料（小売業を想定）から，専門用語や数値の意味について説明する。ただ，完全に理解するには本書全体の知識が必要となるため，基本的な項目のみを対象とする。現時点では専門用語が多く理解することが困難かも知れないが，知識が増えるにつれて理解できることが増えていくので，時々ここに戻って会計情報の読み方を身に付けてほしい。

　基本的な知識を得た後は興味のある会社の数値を分析し，過去数年分の資料や同業他社と比較することで，その知識は実践的なスキルに成長する。最初はただの数字にしか見えなかったものが，その会社の状況や経営方針を教えてくれる情報に変わっていく。将来その会社の利害関係者となった時に必須のスキルである。

【連結経営成績】

（1）売　　上　　高

　会社の収入源として最も重要な項目である。売上高が増えてもそれ以上に費用が増えると利益は伸びないが，会社が成長するには売上高を増やしていくことが必要不可欠である。

　20x1年3月期と比較して20x2年3月期は前期比の伸び率が10.1％と非常に良い値となっている。順調に売上高が増えていると判断したいところだが，確定するには情報が不足している。例えば，①経営陣の計画通り，もしくは計画以上に売上高が伸びた，②他社を買収した，もしくは店舗数を大幅に増やして15％程度の伸びを想定していた，など①と②のどちらの状況であったのかによって評価は異なってくる。

20x2年3月期 決算短信〔日本基準〕（連結）

上場会社名　株式会社大坂淀川商店

1．20x2年3月期の連結業績（20x1年4月1日〜20x2年3月31日）

(1) 連結経営成績　（%表示は対前期増減率，△はマイナス）

	売上高		営業利益		経常利益		親会社株主に帰属する当期純利益	
	百万円	%	百万円	%	百万円	%	百万円	%
20x2年3月期	845,795	10.1%	36,756	2.0%	35,262	2.3%	24,547	13.0%
20x1年3月期	768,473	2.3%	36,034	△1.4%	34,478	△1.2%	21,720	△2.1%

	1株当たり当期純利益	自己資本当期純利益率	総資産経常利益率	売上高営業利益率
	円 銭	%	%	%
20x2年3月期	377.65	12.2	5.9	4.3
20x1年3月期	334.15	10.8	5.4	4.7

(2) 連結財政状態

	総資産	純資産	自己資本比率	1株当たり純資産
	百万円	百万円	%	円 銭
20x2年3月期	415,368	202,400	48.7%	3,114
20x1年3月期	402,560	201,800	50.1%	3,105

(3) 連結キャッシュ・フローの状況

	営業活動によるキャッシュ・フロー	投資活動によるキャッシュ・フロー	財務活動によるキャッシュ・フロー	現金及び現金同等物期末残高
	百万円	百万円	百万円	百万円
20x2年3月期	46,752	△40,575	△2,683	39,823
20x1年3月期	41,684	△43,268	5,365	41,586

2．配当の状況

	年間配当金					配当金総額	配当性向
	第1四半期末	第2四半期末	第3四半期末	期末	合計		
	円 銭	円 銭	円 銭	円 銭	円 銭	百万円	%
20x1年3月期	—	42.50	—	40.50	83.00	5,395	24.8
20x2年3月期	—	45.00	—	46.50	91.50	5,948	24.2
20x3年3月期	—	48.00	—	50.00	98.00	—	—

3．20x3年3月期の連結業績予想（20x2年4月1日〜20x3年3月31日

（%表示は，通期は対前期，四半期は対前年同四半期増減率）

	売上高		営業利益		経常利益		親会社株主に帰属する当期純利益		1株当たり当期純利益
	百万円	%	百万円	%	百万円	%	百万円	%	円 銭
第2四半期（累計）	442,500	7.5	17,720	1.2	17,250	1.4	12,600	5.2	193.8
通期	913,000	7.9	37,800	2.8	36,200	2.7	26,300	7.1	404.6

（2）営業利益（売上高－売上原価－販管費）

　売上高から仕入コストと事業活動に伴って発生する営業費用（従業員への給料，店舗のテナント料，水道光熱費，旅費交通費，通信費，広告宣伝費など）を控除した値で，本業による利益である。営業費用は販管費（販売費及び一般管理費）とも呼ばれる。

　営業利益がマイナスであっても有価証券の売買や不要になった土地や建物の売却によって当期純利益を計上することがある。しかし，もしその額が大きくても一時的な利益であり，将来の利益予想には適していない。当期純利益は最終利益とも呼ばれ，株主への配当にも影響するが，営業利益をより重視する投資家も多い。

　前期はマイナスだったのに対して今期は2％のプラスとなっている。売上高の伸びに比べて小さいとも思われるが，マイナスからプラスに転じたのは評価できる。

（3）経常利益（営業利益＋営業収益－営業外費用）

　営業利益に有価証券を含めた金融取引による損益を加えた利益である。保有していた株の売却益を計上したり，利息の受取り額が大きいと経常利益は営業利益より大きくなる。反対に，株の売却損や利息の支払い額が大きいと営業利益より小さくなる。金融取引にあまり力を入れていない場合，営業利益と経常利益の差は小さい。

　営業利益と同様にマイナスからプラスに転じている。売上高が大きく伸び，営業利益もプラスになった効果がここにも表れていると考えられる。

（4）親会社株主に帰属する当期純利益
　　（経常利益＋特別利益－特別損失－法人税等）

　大坂淀川商店に子会社がある場合，当期純利益にはその子会社の利益も含まれている。その子会社の株式を100％保有していれば子会社の利益の全額が親会社のものとなるが，例えば70％の保有であった場合，子会社の利益のうち30％は親会社に帰属しないと判断される。ここでの当期純利益は法人税等が控除された額で最終利益とも呼ばれる。

前期のマイナスからプラスに転じていることに加えて，伸び率が13％と良い値となっている。ただし，営業利益および経常利益の伸びは小さいため，一時的なものである可能性が高い。

(5) 1株当たり当期純利益（当期純利益÷発行済み株式数）

EPS（Earning Per Share）と呼ばれることも多い。当期純利益を発行済み株式数で割ることで求められる。当期純利益が大きくても発行済み株式数が多ければ1株当たりの当期純利益は小さくなるし，当期純利益が小さくても発行済み株式数が少なければ1株当たりの当期純利益は大きくなる。この値が大きいほど配当も期待できるため株価の上昇につながる。前期と比較して43円の増加が利害関係者の期待を上回っているかどうかは判断できないが，増益はプラスの評価である。

(6) 自己資本当期純利益率（当期純利益÷自己資本（％））

ROE（Return on Equity）と呼ばれることも多い。当期純利益を自己資本[5]で割ることで求められる。この値が高いほど自己資本を効率的に運用して利益を稼いだと評価される。ただし，極端に自己資本が小さい場合にはROEが実力以上に高くなるので注意が必要である。12.2％という値は良い数値であり，前期よりも高くなっていることも評価できる。

(7) 総資産経常利益率（経常利益÷総資産（％））

ROA（Return on Asset）と呼ばれることも多い。経常利益の他に営業利益や当期純利益を用いることもある。この値が高いほど保有する資産を効率的に使用して利益を稼いだと評価される。業界によって差が大きい指標で，工場や機械装置を大量に必要とする製造業とIT業界（特にソフト開発）では，前者が低く後者が高くなる傾向がある。5.9％という値は比較的良い数値で前期よりも高くなっていることも評価できる。

(8) 売上高営業利益率（営業利益÷売上高（％））

売上高に占める営業利益の割合で，営業利益を売上高で割ることで求められる。この値が大きいほど本業による利益率が高く，売上高が増えれば利益が効率的に増えていく。反対にこの値が小さいと，売上高が増えてもそれに応じて

費用の増加も大きく，利益がほとんど増えない。4.3％という値は小売業としては比較的良い数値であるが，売上高が増えているにもかかわらず前期よりも低下している。この原因を把握して対処する必要がある。

【連結財政状態】
（1）総　資　産
　資産の合計で会社の規模を示す指標にもなる。基本的には大きいほど良いと考えられるが，利益の獲得に貢献していない資産がある場合は処分しないとROAが下がってしまう。
（2）純資産（資産－負債）
　資産の合計から負債の合計をマイナスした額のことで，総資産と同じく会社の規模を示す指標にもなる。純資産の大半は株主資本（資本金，資本剰余金や利益剰余金など）である。資本金は返済不要の資金であるため基本的には大きいほど安定していると評価されるが，必要以上に大きいとROEでは不利に働き，配当金の支出も増える。上場企業の場合にはあまり考慮する必要はないが，資本金が一定額以上になると中小企業よりも税の負担が大きくなる。
（3）自己資本比率（自己資本÷総資産（％））
　自己資本を総資産で割ることで求められる。比率が高いほど企業活動に必要な資金を返済不要な資本金で調達できており，財務体質が安定していると評価される。反対に比率が小さい場合は，銀行からの融資に頼っている借金体質の可能性が高い。
　自己資本比率は，ROEへの影響が大きいため合わせて考慮しなければならない。自己資本比率が高いほど（プラス評価）ROEは低くなりやすい（マイナス評価）。48.7％という値は，良好な数値で前年よりわずかに下がっているが問題のない範囲と考えられる。
（4）1株当たり純資産（純資産÷発行済み株式数）
　BPS（Book-value Per Share）と呼ばれることも多い。純資産の額が大きく発行済み株式数が少ないほど，この値は大きくなる。目安となる値は存在しない

が基本的には大きいほうが望ましい。会社が解散した時に株主に残る「解散価値」と考えることもできるため，株価との関連が強くBPSが大きいほど株価は高くなる傾向がある。

【連結キャッシュ・フローの状況】

キャッシュ・フローおよびキャッシュ・フロー計算書は第3章第12節で学習する。

（1）営業活動によるキャッシュ・フロー

本業による資金の増減を示している。想定した売上高を計上し，代金の回収にも特に遅れがなければプラスになることが通常である。マイナスの場合は，本業によって会社に入ってくる資金よりも出ていく資金のほうが大きいということで早急に改善しなければならない。

（2）投資活動によるキャッシュ・フロー

事業拡大のために固定資産を購入したり，余剰資金で有価証券に投資するとマイナスとなり，売却するとプラスとなる。小売業の場合，新規の出店を積極的に進めている場合はマイナスとなることが多い。そのため投資活動によるキャッシュ・フローがマイナスであっても単純に悪いことではない。ただし，有価証券の売却損益や新規の出店が成功しているか確認する必要がある。

（3）財務活動によるキャッシュ・フロー

株式を発行したり銀行から融資を受けるとプラスとなり，借入金を返済するとマイナスとなる。投資活動と関連が強く事業の拡大期にはプラスになることが多い。資本金ではなく借入金によるプラスは自己資本比率の低下や利払いの増加につながるが，超低金利が続いており，経営者が増資よりも銀行融資のほうが有利と判断する可能性もある。

（4）現金及び現金同等物期末残高

現金同等物には普通預金，当座預金や3ヵ月以内に満期となる定期預金などが含まれる。残高が大きいほうが支払い能力が高く安心できるが，余剰資金の持ち過ぎは，株主からの出資を効率的に運用して利益を得る，という株式会社

本来の目的とは異なってしまうため適切な残高を見極める必要がある。

【配当の状況】

（1）年間配当金

　株式会社は利益を計上すると，その一部を年に1度もしくは2度に分けて株主に配当金として分配する。ここに記載されているのは1株当たりの金額であり，株主は保有している株数に応じて配当金を受け取る。20x3年3月期については予想であるため，実際の業績により増減する可能性がある。他の項目と異なり，新しい年度のデータが下にある。

（2）配当金総額

　会計年度ごとの株主への配当金の総額。

（3）配当性向（1株当たりの年間配当金÷1株当たり利益（％））

　1株当たり利益に占める配当金の割合を示している。経営者は今後の事業のために配当金を抑えて社内に資金を留保したいと考える傾向があり，株主はできるだけ多くの配当金を求める傾向がある。安定した配当を目標としている会社では，業績が悪い時にも剰余金を取り崩して配当することがある。その場合，配当性向が100％を上回ることもある。

【連結業績予想】

　第2四半期は中間決算（半年分）の業績予想となっている。あくまでも予想であるため，景気の動向，自然災害や事故など様々な影響によって数値は増減する。業績予想に重大な変化が発生した場合には修正が発表される。会社によっては業績予想が困難であることを理由に最初から未定とすることもある。

3－2. 連結貸借対照表

　貸借対照表は決算日時点の財政状態（資産・負債・純資産）を示す一覧表で，B/S（Balance Sheet）と略されることも多い。資産の額は負債と純資産の合計額と一致する（資産＝負債＋純資産）。連結貸借対照表は単体の会社ではなく，

連結貸借対照表　　　　　　　　　　　　　　　　　（単位：百万円）

	前連結会計年度 （20x1 年 3 月 31 日）	当連結会計年度 （20x2 年 3 月 31 日）
資産の部		
流動資産		
現金及び預金	41,586	39,823
売掛金	5,835	6,159
商品	49,717	47,642
未収入金	7,593	7,780
その他	842	867
流動資産合計	105,573	102,271
固定資産		
有形固定資産		
建物及び構築物	289,475	306,782
減価償却累計額	△ 72,642	△ 78,642
建物及び構築物（純額）	216,833	228,140
工具、器具及び備品	45,873	49,764
減価償却累計額	△ 25,346	△ 26,546
工具、器具及び備品（純額）	20,527	23,218
土地	28,745	29,785
建設仮勘定	4,528	4,075
有形固定資産合計	270,633	285,218
無形固定資産		
のれん	7,465	8,315
その他	3,245	3,389
無形固定資産合計	10,710	11,704
投資その他の資産		
投資有価証券	6,846	7,250
長期貸付金	3,527	3,465
繰延税金資産	2,059	2,128
敷金及び保証金	1,582	1,752
その他	1,630	1,580
投資その他の資産合計	15,644	16,175
固定資産合計	296,987	313,097
資産合計	402,560	415,368

（単位：百万円）

	前連結会計年度 （20x1年3月31日）	当連結会計年度 （20x2年3月31日）
負債の部		
流動負債		
買掛金	97,471	104,468
短期借入金	36,200	39,400
未払費用	4,786	4,593
未払法人税等	4,372	4,475
未払消費税等	285	312
契約負債	2,542	2,784
その他	957	942
流動負債合計	146,613	156,974
固定負債		
長期借入金	49,700	51,200
退職給付に係る負債	1,624	1,683
資産除去債務	2,038	2,276
その他	785	835
固定負債合計	54,147	55,994
負債合計	200,760	212,968
純資産の部		
株主資本		
資本金	5,692	4,692
資本剰余金	4,658	3,658
利益剰余金	192,300	194,964
自己株式	△ 378	△ 422
株主資本合計	202,272	202,892
その他の包括利益累計額		
その他有価証券評価差額金	46	40
土地再評価差額金	△ 543	△ 574
退職給付に係る調整累計額	25	42
その他の包括利益累計額合計	△ 472	△ 492
純資産合計	201,800	202,400
負債純資産合計	402,560	415,368

連結損益計算書　　　　　　　　　　　　　　　　（単位：百万円）

	前連結会計年度 （自20x0年4月1日 至20x1年3月31日）	当連結会計年度 （自20x1年4月1日 至20x2年3月31日）
売上高	768,473	845,795
売上原価	612,048	666,445
売上総利益	156,425	179,350
販売費及び一般管理費	120,391	142,594
営業利益	36,034	36,756
営業外収益		
受取手数料	242	175
その他	135	153
営業外収益合計	377	328
営業外費用		
有価証券売却損	1,488	1,262
その他	445	560
営業外費用合計	1,933	1,822
経常利益	34,478	35,262
特別利益		
受取保険金	84	15
補助金収入	33	25
特別利益合計	117	40
特別損失		
固定資産売却損	2,276	236
固定資産除却損	953	125
災害による損失	463	11
特別損失合計	3,692	372
税金等調整前当期純利益	30,903	34,930
法人税、住民税及び事業税	9,271	10,479
法人税等調整額	△ 88	△ 96
法人税等合計	9,183	10,383
当期純利益	21,720	24,547
親会社株主に帰属する当期純利益	21,720	24,547

子会社や関係会社を含めたグループ全体の財政状態を示している。貸借対照表の形式には報告式と勘定式があるが，ここでは報告式を紹介する（詳細については第3章）。勘定式は第2章で学習する。

3－3. 連結損益計算書

損益計算書とは一定期間の経営成績（収益・費用・利益）を示す一覧表で，P/L（Profit and Loss statement）と略されることも多い。収益から費用を差し引いた額が利益（収益 − 費用 = 利益）となる。連結損益計算書はグループ全体の経営成績を示している。貸借対照表と同様に報告式と勘定式があるが，ここでは報告式を紹介する

3－4. 株 価 分 析

株式会社には多様な利害関係者が存在するが，決算短信のような会計情報を必要としているのは，その会社と直接取引がある場合を除けば，株主もしくは将来株主を含めた投資家であろう。そして将来株主に範囲を広げると，投資に関心のあるすべての人が利害関係者となる。多くの投資家にとって，対象となる会社の将来の株価を予想する情報や配当の情報は非常に重要である。しかし，決算短信のサマリー情報には，株価の水準に関する情報は含まれていないため，ここで紹介する。

（1）株価収益率（株価÷EPS（倍））

PER（Price Earnings Ratio）と略されることも多い。株価が1株当たり純利益（EPS）の何倍かを見る指標で，数値が大きいほど割高，小さいほど割安と考えられる。しかし，割高な値は投資家からの期待が高く，割安な値は期待が低いともいえる。株価は，会社の業績を反映して変動するものであるが，経済全体の影響を受けることも多く，例えば日経平均株価の動きによって，業績に特別な情報がなくても上昇したり下降することもある。

大坂淀川商店の株価が8,000円であればPERは21.2倍，株価が3,000円なら7.9倍となる。

(2) 株価純資産倍率（株価÷BPS（倍））

PBR（Price Book-value Ratio）と略されることも多い。株価が1株当たり純資産（BPS）の何倍かを見る指標で，数値が大きいほど割高，小さいほど割安と考えられる。しかし，PERと同様に割高な値は投資家からの期待が高く，割安な値は期待が低いともいえる。理論上PBRは1倍を下回ることはないはずであるが，実際には少なくない会社の株価が1倍未満となっている。

大坂淀川商店の株価が8,000円であればPBRは2.57倍，株価が3,000円なら0.96倍となる。

(3) 配当利回り（1株当たり年間の配当金÷株価 x 100（%））

株価に対する配当の割合で高いほど利回りが良い。ただし，配当は利益の分配であるため，配当利回りは予想もしくは過去の実績である。予想利益が下がったことによって株価も下落している場合に過去の配当金で利回りを計算すると，実現しない値となり判断を誤る恐れがある。

大坂淀川商店の株価が8,000円であれば配当利回りの実績は1.1%，予想は1.2%となる。すでに株主である場合，もし3,000円で取得していれば実績は3.1%，予想は3.3%となる。

第4節　会計基準と設定主体

4－1.　3つの会計基準

大坂淀川商店の決算短信に「（日本基準）」と記載がある。文字通り日本基準によって作成したことを示しているが，これは他の基準があることを示唆している。実際にIFRS（国際財務報告基準）もしくは米国基準を適用している会社もある。近年では日本基準からIFRS，米国基準からIFRSに移行する会社が増えており，トヨタ，ホンダ，ソニー，パナソニックなどは米国基準からIFRSに移行した代表例である。富士フイルム，Canon（キヤノン），小松製作所などは2023年度時点でも米国基準を適用しているが，その数は1桁にまで減っている[6]。

一方，2023年12月末時点でIFRSを適用しているのは266社，さらに11社が適用を決定している[7]。適用数を比率でみた場合，適用決定済みの11社を加えた277社でも上場会社数3,843社の7.2％に過ぎないが，2023年6月末時点のデータでは，時価総額843兆円のうち389兆円（46.1％）を占めている（東京証券取引所（2023））。会社の規模でみた場合，時価総額1兆円以上の159社うち79社（50％）がIFRSを適用している。なお，この159社の時価総額は582兆円で上場企業全体の69％を占めている。これらのことから日本を代表する大企業を中心にIFRSの適用が進んでいるといえる。

それぞれの会計基準には現在もいくつかの違いが残っている。しかし，財務諸表を作成する立場および利用者の観点からも，重要事項について基準が同一であることの必要性を各基準の設定主体は理解しており，協議や基準の改訂および開発が進んでいる。その結果，当初は相互承認を目的としたレベルであった取り組みが，現在では完全に同一とはいえないものの基準間の差は大幅に縮小されている。

4−2. 米 国 基 準

米国基準は長い間世界の会計基準をリードし，現在もIFRSと並んで国際的な影響力を維持している。会計基準の設定主体はFASB（Financial Accounting Standards Board：米国財務会計基準審議会）である。1973年に設立され現在に至るまで会計基準の基礎となる前提や概念を体系化した「概念フレームワーク」や様々な会計基準を開発している。

FASBは2002年にIFRSと米国基準をコンバージェンス（統合）することをIFRSを開発しているIASB（国際会計基準審議会）と合意した。この合意に向けた会議が開催された場所の地名から「ノーウォーク合意」と呼ばれる。FASBは共同プロジェクトの成果として2010年に財務会計概念書第8号「財務報告概念フレームワーク」のうち先行して2つの章を公表し，個別の会計基準としては「収益認識に関する会計基準」や「リース会計基準」を開発した。しかしながら，SEC（米国証券取引委員会）が米国企業にIFRSを強制適用する判

断を先送りしたことから，現在共同プロジェクトは必ずしも順調ではない。

4－3.　IFRS（国際財務報告基準）

(1)　IASC（国際会計基準委員会）

　IFRSを開発しているのはIASB（国際会計基準審議会）であるが，その前身は1973年にロンドンに設立されたIASCである。IASCは日本を含む9か国の会計士団体により発足した。当初は基準の統一ではなく，代替的な会計処理を複数認め各国で受入れがしやすいように配慮したIAS（International Accounting Standards：国際会計基準）を作成していた。

　IASCが世界から注目を集めるようになったきっかけは，1987年に始まったIOSCO（証券監督者国際機構）による積極的な関与である。IOSCOには米国のSECや日本の金融庁など世界各国の政府機関が加盟しており，IOSCOがIASを正式に承認すると，その重要性が飛躍的に高まることになる。IASCは1989年に公開草案第32号「財務諸表の比較可能性」を公表した。これは，これまで認めてきた代替的な会計処理を削減し，国籍が異なる企業間の財務諸表の比較可能性を高めようする試みであった。

　IOSCOは1995年，国際的な会計基準に必要だと思われる40項目（コア・スタンダード）の開発をIASCに求めた。そしてコア・スタンダードは2000年に完成し，IOSCOは世界各国にIASを受け入れるように勧告した。

(2)　IASB（国際会計基準審議会）への改組と活動

　IASCはもともと会計士の集まりであったため，IASの重要性が高まる過程で組織改革の必要に迫られた。IASCは戦略作業部会を設置し，1999年に「IASCの将来像」公表して協議を進めた。そして2001年にIASC財団（2010年にIFRS財団へと名称変更）が設立された。財団はIFRSを開発するIASB，IFRIC（IFRS解釈指針委員会）およびISSB（国際サステナビリティ基準審議会）を傘下にしている。IASBには各国の基準設定主体も参加しており，より迅速に会計基準の開発を進めることを意図している。

　IASBはこれまでに「財務報告の概念フレームワーク」および17のIFRSを

公表し，それに加えてIASCが開発したIASを引き継いでいる。IASは41号までであるが，改訂や新基準の開発によって廃止されているものも複数ある。

4-4. 日 本 基 準

(1) ASBJの設立

日本の会計基準を開発しているのはASBJ（企業会計基準委員会）である。ASBJは2001年に民間企業，公認会計士協会や金融機関などの出捐（しゅつえん：財団法人などへの出資）によって設立されたFASF（財務会計基準機構）の傘下にある組織で，同じく2001年から活動している。同年に誕生したIASBが各国の会計基準設定主体に民間組織であることを求めたことも理由の一つである。

ASBJが設立されるまでは金融庁の企業会計審議会がその役割を担っていた。なお，会計基準の開発はASBJに引き継がれたが，企業会計審議会は現在も監査基準の作成について中心的な役割を維持しており，IFRSの調査研究も続けている。

(2) 企 業 会 計 原 則

伝統的な日本の会計基準として「企業会計原則」があり，これは企業が財務諸表を作成する際に守るべきものとされる。この原則は，企業会計の実務において慣習として発達したものの中から，一般に公正・妥当と認められる基準を要約したもので，1949年に規定された。企業会計原則は，一般原則，損益計算書原則，貸借対照表原則および注解，によって構成されている。しかしながら，ASBJは国際的な会計基準の開発のためにIASBやFASBと協同する立場であり，企業会計原則を尊重しながら活動することは難しくなっている。

(3) IFRSとのコンバージェンス

ASBJが設立される少し前の1999年にレジェンド問題が起こっていた。これは日本基準による英文の財務諸表について，米国の大手監査法人が特別に日本基準であることの追記を求めたというものである。もちろん現在では解消されているが，当時の日本の会計基準および監査基準は国際的なレベルに達してい

ないと考えられていた。

　ASBJの設立後の2005年には，EU（欧州連合）から同等性評価の通達があった。EUでは域内の上場企業にIFRSの強制適用を決めており，EU市場に上場する域外の企業にもIFRSまたは同等の基準を義務付ける，とするものであった。その結果，日本基準は全体としてはIFRSと同等と判断されたものの，補完措置が必要と指摘された項目が多くあった。

　IFRSが米国でも進展し影響力を拡大していくなか，2007年にASBJはIASBと，日本基準とIFRSとのコンバージェンスを加速させるための合意（東京合意）をした。これは，重要な差異については2008年までに解消し，残りの差異については2011年6月までに解消を目指すものだった。期限であった2011年6月に，両者は再度東京で会議を行い，概ね目標が達成されたことを共同で発表した。

（4）修正国際基準

　日本国内でも2010年頃，IFRSの強制適用を巡る議論が盛んであった。しかしながら，2011年に起こった東日本大震災や米国での強制適用の延期を受けて，現在は任意適用の段階に留まっている。一方で2013年に企業会計審議会から，非常時に柔軟な対応を確保すること，およびIASBに対して意見発信を行っていく上で有用であること，などを理由に「わが国に適したIFRS」を進める旨の提案がなされた。具体的には，エンドースメント（IFRSを受け入れる際に必要に応じて修正を加えてから取り込む）することである。

　この動きを受けて，ASBJは公開草案を経て，2015年に修正国際基準（JMIS：国際会計基準と企業会計基準委員会による修正会計基準によって構成される会計基準）を公表した。2023年末時点において，第1号「のれんの会計処理」，第2号「その他の包括利益の会計処理」が公表されている。日本国内では正式な会計基準として適用することができるが，現在のところIASBへの意見発信および会計基準を開発する能力の維持という側面が強い。

注

1　IFRS は（International Financial Reporting Standards：国際財務報告基準
　　または国際会計基準）の略称であるが，IFRS 財団の正式名称は The IFRS
　　Foundation である。
2　以前は大阪にも証券取引所があり，商品によっては東京証券取引所を上回
　　ることもあったが，2013 年に東京証券取引所と合併し日本取引所グループが
　　発足した。日本取引所グループは持ち株会社であり，子会社として東京証券
　　取引所，大阪証券取引所から商号を変更した大阪取引所や東京商品取引所を
　　傘下にしている。大阪取引所は先物やデリバティブ取引，東京商品取引所は
　　エネルギー関連の先物取引を主に扱っている。
3　日本取引所グループ web ページ「市場概要」。
4　有価証券報告書は，その会社の web ページや金融庁の EDINET（金融商品
　　取引法に基づく有価証券報告書等の開示書類に関する電子開示システム）な
　　どにアクセスすることで誰でも閲覧することができる。
5　自己資本は株主資本（株主からの出資である資本金や過年度の利益のうち
　　企業内部で積み立てた利益剰余金など）にその他の包括利益累計額（第 3 章
　　第 6 節で学習する）を加えたもの。
6　富士フイルムおよびキヤノンは，それぞれ富士フィルム，キャノンと発音
　　されることが多いが，正式な表記は大文字である。米国基準の適用会社数に
　　ついては金融庁（2023）9 頁。
7　日本取引所グループ web ページ「IFRS（国際財務報告基準）への対応
　　IFRS 適用済・適用決定会社数　（2023 年 12 月末現在），（参照：2024-01-07）。

第 1 章の参考文献
伊藤邦雄（2022）『新・現代会計入門（第 5 版）』日本経済新聞出版。
企業会計審議会（2013）「国際会計基準（IFRS）への対応のあり方に関する当面
　の方針」。
金融庁（2023）「参考資料」企業会計審議会・第 10 回会計部会，資料 2。
桜井久勝（2023）『財務会計講義（第 24 版）』中央経済社。
東京証券取引所（2023）「「会計基準の選択に関する基本的な考え方」の開示内容
　の分析」。

（web ページ）

日本取引所グループ「市場概要」。

https://www.jpx.co.jp/equities/products/stocks/outline/

日本取引所グループ「新規上場ガイドブック」。

https://www.jpx.co.jp/equities/listing-on-tse/new/guide-new/index.html

JICPA（日本公認会計士協会）「会計・監査用語かんたん解説集」。

https://jicpa.or.jp/cpainfo/introduction/keyword/

JICPA（日本公認会計士協会）「IFRS とは」。

https://jicpa.or.jp/specialized_field/ifrs/

第2章
複式簿記の仕組み

第1節　複式簿記の概要

1−1. 複式簿記の歴史

(1) 複式簿記の誕生

　複式簿記の歴史は，13世紀の初めのイタリアにまで遡ることができる。簿記とは，企業の商取引を記録し，利益を計算し，その結果を利害関係者に報告するプロセスである。当時のイタリアでは，11世紀の末から行われていた十字軍の遠征によって，多くの人や物やお金や情報が集まり，その結果，各国の通貨の換算や金銭の貸借，あるいは物資の調達や物の交換のために市が立ち，盛大な取引が行われた。それに伴い，金融業が盛んになり，商店や組合企業が生まれ，活発な商取引が展開されるに至った。それまでの物々交換や現金取引に代わって信用取引が登場し，その債権債務の備忘録として，複式簿記が誕生した。

(2) 世界最初の簿記書

　世界最初の簿記書は，1494年にヴェネツィアでルカ・パチョーリによって出版された。本書の題名は『算術，幾何，比および比例総覧』(Summa de Arithmetica, Geometria, Proportion et Proportionalita) であり，正式名が長いため，一般に略して『スンマ』と呼ばれている。本書は，タイトルからも判るように本来は数学書であり，複式簿記に関する章はその一部である。パチョーリ

自身，イタリア各地の大学で数学の教授を務めていた。

　パチョーリは，「モナリザ」や「最後の晩餐」で知られるレオナルド・ダ・ヴィンチとも交友があった。上述の『スンマ』ではないが，ダ・ヴィンチはパチョーリの著書に挿絵を描いており，その交流の深さをうかがい知ることができる。

(3) 複式簿記の日本への導入

　複式簿記が日本に広まっていく大きなきっかけとなったのは，福沢諭吉による西洋の簿記書の翻訳である『帳合之法』と明治政府のお雇い外国人であったアラン・シャンド原著（大蔵省訳）『銀行簿記精法』の出版であった（共に明治6（1873）年）。福沢諭吉の著書といえば『学問のすゝめ』のほうが有名かも知れないが，そこでも簿記を含めた実学の必要性が説かれている。また，同時代に活躍し，現代までつながる多くの企業の設立に関わった渋沢栄一もこの二人と面識があり，複式簿記の導入にも積極的であった。渋沢栄一は第一国立銀行（現在のみずほ銀行につながる）を設立し，アラン・シャンドの助言と検査を受けている。

1－2. 複式簿記の目的と仕組み

(1) 複式簿記の目的

　簿記は「取引を記録し，企業の期間利益を計算し，その結果を利害関係者に報告するプロセス」である。記録，計算，報告の3つの役割があるが，簿記は英語で bookkeepingである。bookは帳簿，keepingは保存・管理と訳され，記録と計算が主たる役割といえる。

　一連の取引の結果として，**貸借対照表**（B/S：Balance Sheet）と**損益計算書**（P/L：Profit and Loss Statement）が作成される。貸借対照表は，一定時点（主として決算日）における資産，負債，および純資産（資本）を表示することによって，**財政状態**を明らかにする。損益計算書は，一定期間（主として一会計期間）における収益，費用およびその差額である純利益もしくは純損失を表示することによって，**経営成績**を明らかにする。

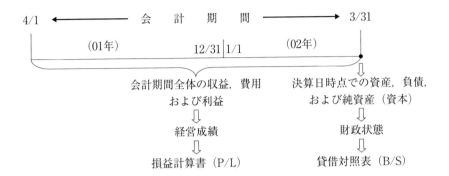

貸借対照表
2xx1年3月31日

資　産	金額	負債・純資産	金額
現　　　　　金	500	買　掛　　金	500
普　通　預　金	800	支　払　手　形	400
売　　掛　　金	400	借　入　　金	400
繰　越　商　品	200	未　払　　金	200
建　　　　　物	1,000	資　本　　金	1,500
車　両　運　搬　具	400	繰越利益余剰金	300
	3,300		3,300

損益計算書
2xx0年4月1日〜2xx1年3月31日

費　用	金額	収　益	金額
仕　　　　　入	3,000	売　　　　　上	5,000
給　　　　料	1,000	受　取　家　賃	800
広　告　宣　伝　費	700	受　取　利　息	200
水　道　光　熱　費	600		
支　払　利　息	400		
当　期　純　利　益	300		
	6,000		6,000

　経営者にとってこれらの財務諸表は，過去の営業活動の実績を把握し将来の経営方針の策定を行うために必要不可欠な情報である。企業は，これらの情報

を法律（会社法・金融商品取引法）の規定，もしくは自主的なIR（Investor Relations）活動の一環として公開している。企業の財務情報は，経営者のみならず多様な**利害関係者**から，それぞれの目的に応じた経済的意志決定の判断材料とするために求められている。利害関係者として，株主，投資家，債権者，金融機関，従業員，取引先，消費者などが挙げられる。就職活動中の学生も将来の従業員候補であり，利害関係者に含まれると考えることができる。

（2）貸借対照表

貸借対照表は，左側に「資産」，右側に「負債」および「純資産（資本）」が表示される。資産は負債と純資産の合計に等しく，次の式として表すことができる。「**資産＝負債＋純資産**」これを**貸借対照表等式**という。この式を応用して，純資産＝資産－負債，負債＝資産－純資産，の等式も成立する。

資産は，企業が営業活動を行うために保有する現金，商品，建物，営業活動から生じた債権（将来に現金やサービスを請求する権利）である売掛金，貸付金，前払費用など**勘定科目**から構成されている。資産は，さらに流動資産，固定資産，繰延資産（第3章で学習する）の3つに分類される。

負債は，営業活動から生じた債務（将来に現金の支払いやサービスを提供する義務）である買掛金，借入金，未払費用などから構成されている。**純資産**は，資本主（株式会社であれば株主，個人企業であれば事業主）が出資した資金（現物出資を含む）である資本金，資本準備金，利益準備金などから構成されている。純資産は企業内部の資金（株主からの出資や利益の留保）と考えられるため**自己資本**，それに対して負債は外部からの資金調達（銀行からの借り入れや社債の発行）であるため他人資本とも呼ばれる。また，負債と純資産は資金の調達方法，資産はその資金の運用形態を示している。

練習問題

次の問に答えなさい。
1）貸借対照表と損益計算書が表示する内容と役割について述べよ。
2）金融機関や取引先は，どのような理由からどのような財務情報が必要か，

考えを述べなさい。

3）期首の貸借対照表において，資産¥850，純資産¥300である時，負債はいくらか。

4）上記3）の期末の貸借対照表は資産¥1,000，負債¥600であった。利益はいくらか。

5）自己資本と他人資本の違いについて述べよ。

1－3. 取引の記録（仕訳と転記）

(1) 簿記上の取引

　貸借対照表，損益計算書の作成という目的のもとに行われる簿記では，資産・負債・純資産に増減をもたらす事象，および収益および費用の発生をもたらす事象を対象とし，記録を行う。これらの事象は簿記上の取引として扱われる。簿記上の取引と日常用語の取引には若干の違いがあり，注意が必要である。

　次の図表は，簿記上の取引と日常用語の取引を比較したものである。災害による建物の焼失や盗難による現金・商品の減少が，日常用語では取引に該当しないが，企業の資産・負債・純資産に減少をもたらす事象であるから，簿記上の取引となる。一方で，土地・建物などの賃貸借契約の締結や銀行口座の開設などは，それ自体は資産・負債・純資産を増減しないため，簿記上の取引とはならない。

簿記上の取引と一般的な取引の範囲

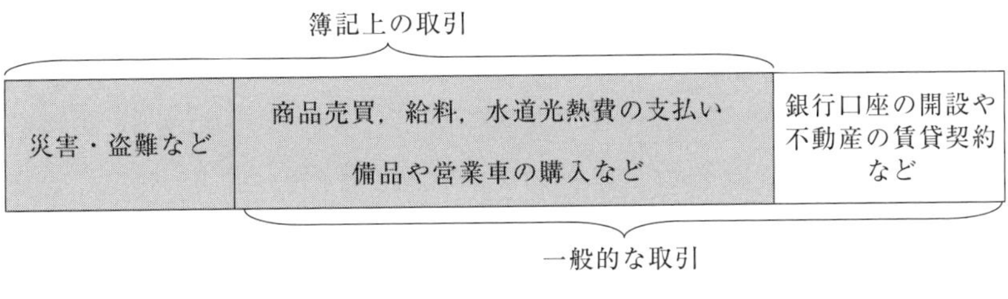

簿記上の取引

災害・盗難など	商品売買，給料，水道光熱費の支払い 備品や営業車の購入など	銀行口座の開設や 不動産の賃貸契約 など

一般的な取引

(2) 取引の二面性

簿記上の取引は，2つの要素から構成されており，ひとつの取引につき二面的な記帳が行われる。これを取引の二面性という。例えば，東淀川商店が住之江商事に商品¥300を現金で販売した場合，次のように売主と買主の双方とも2つの要素が発生する。

　　　　東淀川商店：① 売上（収益）の増加　　② 現金（資産）の増加
　　　　住之江商事：① 仕入（費用）の増加　　② 現金（資産）の減少

単独での取引も同様である。吹田商店が株式（10株：1株¥50）を発行し，その払込金が普通預金に入金された場合，以下のようになる。

　　　　吹 田 商 店：① 普通預金（資産）の増加　　② 資本金（純資産）の増加

(3) 仕訳のルール

仕訳とは，取引を分解して借方（左側）と貸方（右側）に勘定科目と金額を決定することをいう。ちなみに借方（debit），貸方（credit）という名称は，福沢諭吉の翻訳によるものである。日々の取引を仕訳することによって各勘定科目ごとに計算し，最終的に貸借対照表および損益計算書にその結果がまとめられる。仕訳によって様々な取引は，契約書や領収証などの文書から計算可能なデータとなる。上記（2）の取引を仕訳にすると次のようになる。

　　　　　　　　　　　（借方）　　　　　　　（貸方）
　　東淀川商店：現　　　金　300　/　売　　　上　300
　　住之江商事：仕　　　入　300　/　現　　　金　300
　　吹 田 商 店：普通預金　500　/　資 本 金　500

本来の仕訳はこのように勘定科目と金額のみで示すが，本章では学習のため次のように勘定科目の分類を追加する。

　　　　　　　　　　　（借方）　　　　　　　　（貸方）
　　東淀川商店：現　　　金（＋ 資 産）300　/　売　　　上（＋ 収 益）300
　　住之江商事：仕　　　入（＋ 費 用）300　/　現　　　金（－ 資 産）300
　　吹 田 商 店：普通預金（＋ 資 産）500　/　資 本 金（＋純資産）500

　簿記の技法に慣れてくると，仕訳を見れば取引の内容を推察することができるようになる。例えば（借方）現金（貸方）受取利息，という仕訳があれば利息を現金で受け取ったことがわかる。（借方）普通預金（貸方）現金，という仕訳からは，手元の現金を自社の普通預金口座に預け入れたことがわかる。

　借方に現金がある場合は増加，貸方にある場合は減少している。これは偶然ではなく簿記のルールに従っているため，取引の内容を推察できる。

勘定科目の借方と貸方を決める法則

（借方）　資産　（貸方）		（借方）　負債　（貸方）		（借方）　純資産　（貸方）	
増加 （＋）	減少 （－）	減少 （－）	増加 （＋）	減少 （－）	増加 （＋）

（借方）　費用　（貸方）		（借方）　収益　（貸方）	
発生 （＋）	（取消）	（取消）	発生 （＋）

貸借対照表	
資産	負債
	純資産

損益計算書	
費用	収益
純利益	

　上記の図は取引を仕訳する際に，借方もしくは貸方のどちらに記入すべきかを示している。原則として仕訳に使用される勘定科目は，資産，負債，純資産，収益，費用の5つに分類される。この分類が理解できれば，後は貸借対照表と損益計算書をイメージすればよい。左側にある資産と費用が増加した場合は借方に記入，右側にある負債と純資産，収益が増加した場合は貸方に記入する。減少した場合は左右を逆にする。先ほどの仕訳がこのルールに合っているか確認してみる。

　東淀川商店は商品を販売したことによって売上（収益）が増加し，その代金として現金（資産）が増加している。収益は損益計算書の右側なので「売上」は貸方に，資産は貸借対照表の左側なので「現金」は借方に記入する。住之江

商事は商品を購入したことによって仕入（費用）が増加し，その代金として現金（資産）が減少している。費用は損益計算書の左側なので「仕入」は借方に，資産は貸借対照表の左側だが減少しているので「現金」は反対側の貸方に記入する。もし仕訳の際に勘定科目の借方・貸方を迷った時は，先にわかった科目を記入すればよい。仕訳の左右の合計は必ず一致するため，どちらか一方が空欄になることはない。

　（＋資産）や（＋収益）などは参考のために表示している。本来は頭の中でイメージするもので，実際に記入したり入力することはない。しかしながら，簿記の技法に慣れてくるまでは，これを常に意識することが仕訳を理解するための近道である。主要な勘定科目の一覧表を本章の最後に載せているので参考にしてほしい。本章では学習のため仕訳に勘定科目の分類を追加する。

練習問題
　次の取引が簿記上の取引である場合，仕訳しなさい。
1）淀川銀行に普通預金口座を開設した。
2）手元の現金¥500を上記の口座に預け入れた。
3）事務処理に必要なパソコン（勘定科目：備品）¥200を購入し，代金は現金で支払った。
4）商品¥80を仕入れ，代金は掛け（勘定科目：買掛金）とした。
　*掛け：代金後払いの取引
5）商品の価格について取引先と値下げの交渉をした。
6）事務所の電気代¥50（勘定科目：水道光熱費）を現金で支払った。
7）上記4）の代金を普通預金口座から振り込んだ。

---

(4) 仕訳から勘定への転記

　企業の経済活動は仕訳によってデータ化されるが，それだけでは各勘定科目の合計や残高は計算できない。そのため仕訳の後に**総勘定元帳**に**転記**する必要がある。実際には，実務では会計ソフトが利用されることが多く，仕訳を入力すると総勘定元帳から貸借対照表や損益計算書などの財務諸表まで自動で作成される。しかしながら取引を仕訳する能力が必要であることに変わりはなく，

入力ミスや取引に関する情報に間違いがあった場合，一連の知識がなければその間違いを発見し修正することは難しい。会計ソフトの作業をブラックボックス化するのではなく，仕組みを理解した上で利用することが求められる。簿記の学習では総勘定元帳を簡略化したＴ勘定という形式を使用する。例として取引を仕訳し，転記すると次のようになる。各Ｔ勘定の科目名の左右に（＋）（－）がついているのは学習用であって，通常は勘定科目名のみである。

6月 2日，商品¥200を掛けで仕入れた。
6月 5日，商品¥300を販売して代金を現金で受け取った。
6月20日，来月分の家賃¥150を現金で支払った。
6月22日，普通預金口座から現金¥400を引き出した。
6月25日，従業員の給料¥250を普通預金口座から振り込んだ。
6月28日，前月からの掛け代金のうち300を現金で支払った。

	（借方）			（貸方）	
6月 2日：	仕　　　入（＋費用）	200	/	買 掛 金（＋負債）	200
6月 5日：	現　　　金（＋資産）	300	/	売　　　上（＋収益）	300
6月20日：	支払家賃（＋費用）	150	/	現　　　金（－資産）	150
6月22日：	現　　　金（＋資産）	400	/	普通預金（－資産）	400
6月25日：	給　　　料（＋費用）	250	/	普通預金（－資産）	250
6月28日：	買 掛 金（－負債）	300	/	現　　　金（－資産）	300

（＋）	現金		（－）
6/1　前月繰越　800	6/20　支払家賃　150
6/5　売　　上　300	6/28　買 掛 金　300
6/22　普通預金　400	6/30　次月繰越　1,050
1,500	1,500

（＋）	普通預金		（－）
6/1　前月繰越　2,000	6/20　支払家賃　150
	6/22　現　　金　400
	6/25　給　　料　250
	6/30　次月繰越　1,200
2,000	2,000

（－）	買掛金		（＋）
6/28　現　　金　300	6/1　前月繰越　500
6/30　次月繰越　400	6/2　仕　　入　200
700	700

（－）	売上		（＋）
	6/5　現　　金　300

（＋）	仕入		（－）
6/2　買 掛 金　200	

（＋）	支払家賃		（－）
6/20　現　　金　150	

（＋）	給料		（－）
6/25　普通預金　250	

　現金，普通預金および買掛金のＴ勘定には**前月繰越**が最初に記入され，最後に月末時点の残高として**次月繰越**と月の取引額の合計が借方および貸方の双方に表示されている。貸借対照表科目（資産・負債・純資産）の残高は，新しい年度や月になってもリセットされることはなく，これまでの残高を増減させる。もし新年度に現金残高がリセットされてしまうと，手持ちの現金がゼロの状態で営業を始めることになってしまう。

　それに対して損益計算書科目（収益・費用）は，新しい年度には必ずリセットされ，前期繰越は存在しない。もしリセットされないと，今年度の売上高に創業以来の累計額が含まれてしまい，他社との比較や昨年度との比較も困難である。月次損益を求めるために毎月リセットすることもあるが，ここでは貸借対照表科目についてのみ月次決算を行うと想定している。月次決算を実施しない場合は，年度を示す前期繰越および次期繰越となる。損益計算書科目については，最終的に損益勘定に振り替えることになるが本章の後半，決算整理で説明する。

　6月2日の転記について説明する。仕入と買掛金が¥200増える取引であるため，この2つのＴ勘定にその内容が転記される。どちらのＴ勘定から記入するかは決められていないが，借方の仕入から見ていく。

① 仕入のＴ勘定の借方と貸方のどちらに記入するかを判断する。

　　仕入（費用）は増加したら借方に仕訳するためＴ勘定でも借方になる。

② Ｔ勘定の借方に取引の日付と金額を記入する。

③ 仕入勘定が増えた理由・手段（仕訳の反対側の勘定科目）を記入する。

　　＊相手の勘定科目が2つ以上ある場合は諸口と記入する。

次に買掛金の転記を説明する。

① 買掛金のＴ勘定の借方と貸方のどちらに記入するかを判断する。

　　買掛金（負債）は増加したら貸方に仕訳するためＴ勘定でも貸方に記入する。

② Ｔ勘定の貸方に取引の日付と金額を記入する。

③ 買掛金勘定が増えた理由・手段（仕訳の反対側の勘定科目）を記入する。

練習問題

　練習問題（p.36）を一連の取引として，転記しなさい。貸借対照表科目については，前月繰越を¥800とし，次月繰越まで計算すること。各取引の日付は問題番号とする。

1－4.　1年間（会計期間）の手続きの流れ

　日々の取引を記録して計算することが簿記の主たる役割である。しかしながら，1年間の総まとめとして財務諸表を作成し決算を完了させるには，様々な手続きが必要となる。財務諸表には他にキャッシュ・フロー計算書や株主資本等変動計算書などがあるが，本章の主たる対象となるのは損益計算書と貸借対照表である。日々の企業活動を認識して仕訳と転記する流れについては説明済みであるため，決算手続きを見ていく。

1年間（会計期間）の手続きの流れ

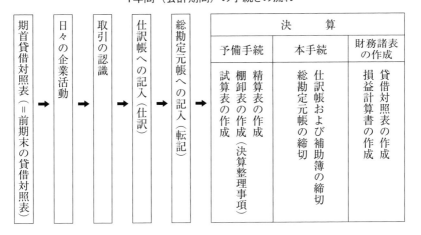

(1) 試　算　表

　決算手続きの最初は試算表の作成である。試算表は仕訳帳および総勘定元帳の記帳が正確に行われているか否かの検証に使用する。記帳の正否は，試算表における借方・貸方合計の一致によって確認できる。したがって，合計が一致しない場合は，仕訳もしくは総勘定元帳への転記に誤りがあったことになる。

　ただし，その検証機能は完全ではないことに注意が必要である。取引の記入漏れ，借方・貸方の双方に同額の誤った金額での記入，同一取引の重複記入，同じ要素での勘定科目のミスは発見するのが難しい。ある取引が記帳されなかったり，二重計上された場合，借方と貸方の合計は一致するが実際には誤った値となる。また，例えば「水道光熱費」の発生を記帳する際に，間違えて同じ費用の科目である「支払家賃」の発生と処理した場合，費用の合計は正しい処理と同じであり，これも発見が難しい。

合計残高試算表
20x1年3月31日

借方残高	借方合計	勘定科目	貸方合計	貸方残高
2,500	4,500	現　　　　　金	2,000	
5,000	7,500	普　通　預　金	2,500	
5,000	7,000	売　　掛　　金	2,000	
2,000	2,000	繰　越　商　品		
6,000	6,000	建　　　　　物		
2,000	2,000	備　　　　　品		
1,000	1,000	車　両　運　搬　具		
	3,500	買　　掛　　金	12,000	8,500
	2,000	借　　入　　金	6,000	4,000
		資　　本　　金	8,000	8,000
		繰越利益余剰金	2,000	2,000
	1,000	売　　　　　上	36,000	35,000
		受　取　利　息	500	500
23,500	25,000	仕　　　　　入	1,500	
7,000	7,000	給　　　　料		
3,000	3,000	支　払　家　賃		
1,000	1,000	水　道　光　熱　費		
58,000	72,500		72,500	58,000

　試算表には，3つの形式がある。総勘定元帳の各勘定の借方・貸方の合計金額とその集計を示す「**合計試算表**」，総勘定元帳における各勘定の残高とその集計を示す「**残高試算表**」，その双方を表示する「**合計残高試算表**」である。ここでは合計残高試算表を例示している。

　試算表は，企業の全勘定科目を一覧表示したものであることから，経営成績や財政状態の概観にも役立つ。そのため，試算表は決算時のみならず定期的に作成されることが一般的である。毎日作成するものを日計表，毎週作成するものを週計表，毎月作成するものを月計表という。

(2) 棚卸表試算表（決算整理事項）

　試算表の次は棚卸表を作成する。これは通常の取引とは異なり，決算のための特別な処理を実施するものである。詳細は第3節決算整理で学習するが，現金過不足の処理，固定資産の減価償却費の計上，法人税等の計算などである。

(3) 精　算　表

　精算表には数値を記入する列の数に応じて6桁，8桁，10桁精算表があるが，一般的には8桁精算表を作成することが多い。8桁精算表では，残高試算表，修正記入，損益計算書，貸借対照表を借方と貸方に分けた8つの項目が一覧表として表示される。精算表には試算表から財務諸表の作成までの決算の全体を把握し，正式な財務諸表である貸借対照表と損益計算書の作成時のミスを減らす効果が期待できる。

　精算表を作成するには，まず残高試算表欄に各勘定科目の残高を記入する。次に（2）の棚卸表による決算整理事項を処理する。残高試算表の値にその増減を反映させて損益計算書と貸借対照表に数値を記入する。利益が出ていれば，損益計算書の借方と貸方の合計は貸方（収益）のほうが大きくなる。貸借対照表は借方（資産）のほうが大きくなる。

　しかしこれでは借方と貸方の合計が一致しない。一致させるために必要な値，借方と貸方の差額が当期純利益である。精算表に記入されたデータが正しく，計算にミスがなければ損益計算書から求めた当期純利益と貸借対照表から求めた当期純利益の額は同じ値になる。そうならない場合は，利益を求める過

程にミスがあったことを示しており，その原因の調査と再計算が必要である。

　もし損失が出ている場合には，当期純利益を求める前の合計が損益計算書では借方（費用）のほうが大きく，貸借対照表では貸方（負債・純資産）のほうが大きくなる。そしてこの場合には，当期純利益ではなく**当期純損失**が計上される。実際に作成する方法は**第3節**で説明する。

精 算 表

勘定科目	残高試算表		修正記入		損益計算書		貸借対照表	
	借方	貸方	借方	貸方	借方	貸方	借方	貸方
現　　　金	2,500						2,500	
普 通 預 金	5,000						5,000	
売 掛 金	5,000						5,000	
繰 越 商 品	2,000		1,600	2,000			1,600	
建　　　物	6,000						6,000	
備　　　品	2,000						2,000	
車 両 運 搬 具	1,000						1,000	
買 掛 金		8,500						8,500
借 入 金		4,000						4,000
資 本 金		8,000						8,000
繰越利益剰余金		2,000						2,000
売　　　上		35,000				35,000		
受 取 利 息		500				500		
仕　　　入	23,500		2,000	1,600	23,900			
給　　　料	7,000		400		7,400			
支 払 家 賃	3,000			500	2,500			
水 道 光 熱 費	1,000				1,000			
	58,000	58,000						
前 払 家 賃			500				500	
未 払 給 料				400				400
当期純利益					700			700
			4,500	4,500	35,500	35,500	23,600	23,600

精 算 表（当期純利益を計算する前）

勘定科目	残高試算表		修正記入		損益計算書		貸借対照表	
	借方	貸方	借方	貸方	借方	貸方	借方	貸方
当 期 純 利 益					（ ）			（ ）
			4,500	4,500	34,800	35,500	23,600	22,900

(4) 財務諸表の作成

　財務諸表の作成の前に，総勘定元帳の締切りや補助簿の締切り（第4節を参照）を行う。その後，決算の仕上げとして損益計算書と貸借対照表を作成する。この段階ではすでに精算表での当期純利益の計算や総勘定元帳の締切りが終わっているため，それらの数値を移すことで財務諸表の作成ができる。ただ，貸借対照表には当期純利益を表示しないため，その額は**繰越利益剰余金**に加算されて表示される（2,700）。より具体的には，損益勘定から振り替える手続きが行われる（3-11 (2) を参照）。繰越利益剰余金は純資産に分類される勘定科目で，これまでに得た利益のうち使用されずに留保されている額である。株主への配当の原資にもなる。

　利益が加算される前の繰越利益剰余金（精算表に記載されている2,000）との差が損益計算書で表示されている利益と同額（700）になる。損益計算書においては，精算表での（仕入）は（売上原価）に，（売上）は（売上高）に変更される。

貸借対照表
2xx1年3月31日

資　　産	金額	負債・純資産	金額
現　　　　　金	2,500	買　掛　金	8,500
普 通 預 金	5,000	借　入　金	4,000
売　掛　金	5,000	未 払 給 料	8,000
繰 越 商 品	1,600	資　本　金	400
建　　　　物	6,000	繰越利益余剰金	2,700
備　　　　品	2,000		
車 両 運 搬 具	1,000		
前 払 家 賃	500		
	23,600		23,600

損益計算書

2xx0年4月1日～2xx1年3月31日

費　用	金額	収　益	金額
売　上　原　価	23,900	売　　上　　高	35,000
給　　　　　料	7,400	受　取　利　息	500
支　払　家　賃	2,500		
水　道　光　熱　費	1,000		
当　期　純　利　益	700		
	35,500		35,500

第2節　期中の取引

2－1. 商品売買の取引（1）

　商業簿記が主たる対象としている小売業では，販売するための商品を製造業者や卸売業者などから仕入れ，その商品を他社もしくは消費者に販売する。ここで企業が重視するのは，商品の販売数量や金額，そして利益である。売上高の合計から仕入の合計を差し引いた額を**売上総利益**（粗利益）という。

　企業は，売上総利益から販売費及び一般管理費（販管費：家賃，光熱費，給料など）や，その他の損益を計算しながら最終利益の計算を進めていく。そのため販管費を上回る十分な売上総利益を得られない場合は，本業による利益で企業活動に必要な経費を賄うことができず経営が成り立たない。

　商品売買取引の処理方法には，**分記法**と**三分法**の2つがある。実務では三分法が主に使用されており，検定試験でも同様である。そのため分記法は以下で説明した後は使用しない。

（1）分　記　法

（例）商品¥100を仕入れて，その商品を¥150で売上げた場合

	（借方）			（貸方）		
商品を仕入：	商　　品（＋資産）	100	/	現　　金（－資産）	100
商品を売上：	現　　金（＋資産）	150	/	商　　品（－資産）	100
			/	商品売買益（＋収益）	50

　分記法は，商品の購入時に**商品**（資産）勘定，販売時には商品勘定および**商品売買益**（収益）を用いる。自動車や宝石など商品を個別に管理している場合には適しているが，多様な商品や材料を仕入れて販売するスーパーや飲食店には向いていない。

（2）三　　分　　法

（例）商品￥100を仕入れて，その商品を￥150で売上げた場合

```
            （借方）                   （貸方）
商品を仕入：仕　　　　入（＋費用）  100  ／  現　　　　金（－資産）  100
商品を売上：現　　　　金（＋資産）  150  ／  売　　　　上（＋収益）  150
```

　三分法は，商品の購入時に仕入（費用）勘定，販売時には売上（収益）勘定を用いる。加えて，決算時に当期の売上原価を計算するため商品の在庫を示す**繰越商品**（資産）勘定という 3 つの勘定を用いる。三分法では商品を売上げた時点で売買益を知ることができない。決算時に繰越商品勘定を用いて売上原価を計算し，売上総利益を求める。決算時の処理については第3節で説明する。

（3）仕入諸掛と売上諸掛

　仕入諸掛とは，商品の購入時に商品価格とは別に必要となる諸費用であり，買主負担の送料や海外からの仕入れに伴う関税や保険料などがある。これらの諸費用を買主が負担する場合，商品価格に仕入諸掛を加えた額を仕入勘定として計上する。

　売上諸掛とは，商品の販売時に商品価格とは別に必要となる諸費用であり，売主負担の送料や包装費などがある。これらの諸費用を売主が負担する場合，買主からは商品価格のみを得るため，売上勘定に上乗せすることはできない。そのため，例えば送料を売主負担で販売した場合，その送料は，**発送費**（費用）勘定で処理する。

　商品￥300を現金で取引し，送料￥30を買主が負担した場合と，売主が負担した場合の仕訳は，それぞれ次のようになる。送料をどちらが負担するかは，両者の利益計算に影響を与えるため重要な交渉となる。

46

```
（送料：買主）（借方）                        （貸方）
売主の仕訳：現    金（＋資産）  300  ／  売    上（＋収益）  300
買主の仕訳：仕    入（＋費用）  330  ／  現    金（－資産）  330

（送料：売主）（借方）                        （貸方）
売主の仕訳：現    金（＋資産）  300  ／  売    上（＋収益）  300
            発 送 費（＋費用）   30  ／  現    金（－資産）   30
買主の仕訳：仕    入（＋費用）  300  ／  現    金（－資産）  300
```

（4）値引・返品の処理

　商品売買には時として値引や返品が発生する。自らが売主のこともあれば買主のこともある。値引・返品の際には商品売買時の仕訳と反対の処理を行う。例えば，商品（＠¥60：30個：合計¥1,800）を現金で取引した後，2個が品質不良のために返品となった場合の売主と買主の仕訳は次のようになる。

```
（商品の売買）（借方）                        （貸方）
売主の仕訳：現    金（＋資産）1,800  ／  売    上（＋収益）1,800
買主の仕訳：仕    入（＋費用）1,800  ／  現    金（－資産）1,800

（商品の返品）（借方）                        （貸方）
売主の仕訳：売    上（－収益）  120  ／  現    金（－資産）  120
買主の仕訳：現    金（＋資産）  120  ／  仕    入（－費用）  120
```

（5）売　掛　金

　売掛金（資産）とは，本業（小売業なら商品売買）に関する売上を**掛け**（代金後払い）で行った時に発生する債権をいう。売掛金の増加は借方に記入し，減少（回収）は貸方に記入する。借方の合計は貸方の合計より大きく，その差額は売掛金の未回収残高を示している。日常的に発生する資産であるが，通常の水準より残高が多ければ代金の回収が遅れている可能性があり，注意を要する。

　（例）① 商品¥300 を掛けで販売した。

　　　　② 前月からの売掛金の一部¥400 を現金で回収した。

（借方）　　　　　　　　　　　（貸方）
① 売　掛　金（＋資産）　300　/　売　　　　上（＋収益）　300
② 現　　　金（＋資産）　400　/　売　掛　金（－資産）　400

（＋）　　　　　　　　　　売掛金　　　　　　　　　（－）
　　　前 月 繰 越　700　│② 現　　　金　　　400
① 売　　　　上　300　│

（6）買　掛　金

　買掛金（負債）とは，本業に関する仕入を**掛け**（代金後払い）で行った時に発生する債務をいう。買掛金の増加は貸方に記入し，買掛金の減少（支払い）は借方に記入する。残高は貸方側で，その差額は買掛金の未払残高を示している。通常の水準より残高が多い時は，取引先への支払いが遅れている可能性があり，円滑な取引に支障がないように留意するべきである。

　（例）① 商品 ¥300 を掛けで購入した。

　　　　② 前月からの買掛金の一部 ¥200 を現金で支払った。

（借方）　　　　　　　　　　　（貸方）
① 仕　　　　入（＋費用）　300　/　買　掛　金（＋負債）　300
② 買　掛　金（－負債）　200　/　現　　　金（－資産）　200

（－）　　　　　　　　　　買掛金　　　　　　　　　（＋）
　　　② 現　　　金　200　│　前 月 繰 越　500
　　　　　　　　　　　　　│① 仕　　　　入　300

練習問題
　次の取引を仕訳しなさい。
1）A商品（@¥100：10個）を仕入れ，代金を現金で支払った。
2）上記A商品のうち1個を品違いのため返品した。
3）B商品（@¥300：40個）を販売し，代金を現金で受け取った。
4）上記B商品のうち，3個に傷があったとの連絡を受けた。その3個については半額とすることで承諾を得て，その額を返金した。
5）C商品（@¥50：40個）を仕入れ，送料（買主負担）¥600と合わせて現金

で支払った。
6）上記5）の送料が売主負担だった場合の売主と買主の仕訳を示しなさい。
7）D商品 ¥600 を仕入れ，代金の半分は現金で支払い残額は掛けとした。
8）上記7）の掛代金を現金で支払った。
9）上記7）の売主側の仕訳をしなさい。
10）上記8）の売主側の仕訳をしなさい。

2-2. 現金と預金の取引

（1）現　　金

　現金（資産）勘定に記録する現金には，通貨のほか，所有する株式からの**配当金領収証**，支払期日が到来した**公社債の利札**，銀行や郵便局に呈示することによって即時に換金できる他人振出の**小切手**，**郵便為替証書**などの通貨代用証券が含まれる。

　現金の増加は現金勘定の借方，減少は貸方に記入する。現金勘定は，資産であるため借方に残高が生じる。

（例）① 商品 ¥300 を販売し，代金を現金で回収した。

　　　② 前月からの売掛金の一部 ¥200 を現金で回収した。

　　　③ 保有する株式の配当金領収証 ¥10 が届いた。

　　　④ 商品 ¥150 を仕入れ，代金を現金で支払った。

　　　⑤ 商品 ¥200 を仕入れ，代金は掛けとした。

　　　⑥ 今月の現金勘定の増減は他に無いとして，T勘定を締切る。

　　（借方）　　　　　　　　　　　（貸方）
① 現　　　金（＋資産）　300　／　売　　　　上（＋収益）　300
② 現　　　金（＋資産）　200　／　売　掛　金（－資産）　200
③ 現　　　金（＋資産）　 10　／　受取配当金（＋収益）　 10
④ 仕　　　入（＋費用）　150　／　現　　　　金（－資産）　150
⑤ 仕　　　入（＋費用）　200　／　買　掛　金（＋負債）　200

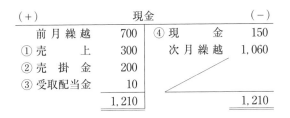

(＋)	現金			(－)	
前 月 繰 越	700	④ 現　　金	150
① 売　　上	300	次 月 繰 越	1,060
② 売 掛 金	200		
③ 受取配当金	10		
	1,210		1,210

(2) 現 金 過 不 足

　多くの取引を処理する過程で，現金勘定の帳簿残高と実際の現金残高が過剰もしくは不足のために一致しないことがある。その場合，原因が判明するまで**現金過不足**勘定を設けて，総勘定元帳の現金勘定残高（帳簿残高）を実際の残高に合致させる。そして原因が判明した段階で，現金過不足勘定からその原因に応じた勘定科目へその金額を振り替える。

　決算時になっても原因が判明しない場合，実際の現金残高が過剰であれば**雑益**（収益），不足していれば**雑損**（費用）に振り替える。この処理によって現金過不足勘定は消滅し，財務諸表に表示されることはない（第3節で学習）。

（例1）過剰：実際の現金残高＞帳簿残高

① 現金の帳簿残高¥500 に対して実際の現金残高が¥750 であった。

② 上記の原因は，売掛金¥250 を回収した際の記入漏れだった。

	（借方）			（貸方）	
① 現　　　金（＋資産）	250	/	現金過不足	250
② 現金過不足	250	/	売 掛 金（－資産）	250

（例2）不足：帳簿残高＞実際の現金残高

① 現金の帳簿残高 ¥500 に対して実際の現金残高が ¥320 であった。

② 上記の原因の一部は，家賃 ¥150 を支払った際の記入漏れだった。

	（借方）			（貸方）	
① 現金過不足	180	/	現　　　金（－資産）	180
② 支 払 家 賃（＋費用）	150	/	現金過不足	150

練習問題

次の一連の取引を仕訳し，T勘定（現金：前月繰越 ¥1,000）を作成しなさい。
1）芦屋商店へ商品 ¥500 を販売し，先方振り出しの小切手で受け取った。
2）従業員に給料 ¥400 を現金で支払った。
3）現金勘定の帳簿残高に対して，手元の現金残高は ¥950 であった。
4）上記3）の原因が判明した。事務所の家賃（支払家賃）¥150 を現金で支払っていたが，記入していなかった。
5）豊中商店に商品 ¥350 を販売し，代金を郵便為替証書で受け取った。
6）配当金領収証 ¥200 を受け取った。
7）商品 ¥400 を仕入れ，代金は掛けとした。

(3) 小 口 現 金

企業間の取引は金額が大きいため，銀行口座間での送金や電子記録債権を利用することが多い。しかし，少額の経費の支払いには現金が必要になることもある。少額の旅費交通費，通信費や消耗品費のような支払いに備えて，担当者に前もって現金を渡しておく。この現金を**小口現金**（資産）勘定で処理する。小口現金の管理方法は，まず**少額**の現金を担当者に渡し，一定期間の終わりに小口現金の支払報告を受け，支払った金額を補充する定額資金前渡制が一般的である。

（例）① 小口現金を設定するため担当者に現金 ¥1,200 を渡した。
　　　② 小口現金の担当者から月末に，電車代 ¥500，切手代 ¥200，文房具代 ¥300 を支出したと報告を受けた。
　　　③ 小口現金が減少した額を現金で補充した。

　　　（借方）　　　　　　　　　　（貸方）
　　　① 小 口 現 金（＋資産）1,200 ／ 現　　金（－資産）1,200
　　　② 旅費交通費（＋費用）　500 ／ 小 口 現 金（－資産）1,000
　　　　 通 信 費（＋費用）　200 ／
　　　　 消耗品費（＋費用）　300 ／
　　　③ 小 口 現 金（＋資産）1,000 ／ 現　　金（－資産）1,000

練習問題
　次の一連の取引を仕訳しなさい。
　1）小口現金の担当者から地下鉄代￥450，文房具代￥300を支払ったと報告
　　　を受けた。
　2）上記1）で減った額を現金で補充した。

（4）普 通 預 金

　企業は一般的に**普通預金**（資産）口座をいくつか持っている。そのため普通
預金勘定に銀行名を記載して，複数の口座を管理することがある。

　（例）① 淀川銀行の普通預金口座に￥600を入金した。

　　　　② 鴨川銀行の普通預金口座から￥200を引き出した。

　　　　③ 事務所の家賃￥400を淀川銀行の普通預金口座から振り込んだ。

　　　　④ 売掛金の一部￥300が鴨川銀行の普通預金口座に振り込まれた。

　（借方）　　　　　　　　　　　　　（貸方）
① 普通預金（淀川銀行）（＋資産）600 ／ 現　　　　　金（－資産）600
② 現　　　　　金（＋資産）200 ／ 普通預金（鴨川銀行）（－資産）200
③ 支 払 家 賃（＋費用）400 ／ 普通預金（淀川銀行）（－資産）400
④ 普通預金（鴨川銀行）（＋資産）300 ／ 売　掛　金（－資産）300

（5）当 座 預 金

　企業は普通預金に加えて，当座預金口座を利用することがある。当座預金口
座を開設すると銀行から小切手帳が交付され，支払いの手段に小切手を利用す
ることができる。小切手を利用すれば，多額の現金を用意したり持ち運ぶ手間
や危険を大幅に軽減することができる。近年ではさらに利便性と安全性を高め
るために電子化が進められている（政府は2026年度までに約束手形の廃止と小切
手を電子化する方針を示している）。小切手を振り出した側（振出人）は**当座預金**
（資産）が減少する。小切手を受け取った側（受取人）は直ちに換金できるため
現金の増加として処理する。

図表の小切手は，振出人（灘商店）が取引先に振出したものである。当座預金口座のある銀行（淀川銀行三宮支店）に，受取人（持参人）に対して記載された金額の支払いを依頼したものである。受取人は，それを淀川銀行三宮支店に呈示するか，自らの取引銀行に依頼すれば換金できる。なお，受け取った小切手には有効期限があり，振出日を含めた11日間となっている。

小切手の振り出しから換金されるまで

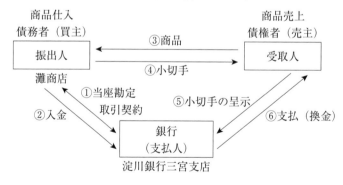

（例）① 当座預金口座を開設し現金￥3,000 を預け入れた。

② 売掛金の一部￥500 が当座預金口座に振り込まれた。

③ 備品（パソコン）￥700 を購入し，小切手を振り出して支払った。

④ 商品￥600 を販売し，代金として小切手を受け取った。

（借方）　　　　　　　　　　　　　（貸方）
① 当 座 預 金（＋資産）　3,000　／　現　　　　　金（－資産）　3,000
② 当 座 預 金（＋資産）　　500　／　売 　掛　 金（－資産）　　500
③ 備　　　　　品（＋資産）　　700　／　当 座 預 金（－資産）　　700
④ 現　　　　　金（＋資産）　　600　／　売　　　　　上（＋収益）　　600

（＋）	当座預金		（－）	
① 現　　　　金	3,000	③ 備　　　　品	700
② 売 　掛　 金	500	次 月 繰 越	2,800
	3,500		3,500

（6）当 座 借 越

　小切手の振出しは当座預金の引出しである。したがって，当座預金の残高を超えて小切手を振出した場合，例えば，残高700円の状況で900円の小切手を振出しても，銀行は支払いに応じない。このような換金不可能な小切手を**不渡小切手**という。不渡小切手の振出しは信用問題となり企業存続の重大な危機である。そこで，一時的な残高不足で信用問題になることを防ぐため，預金残高を超える小切手の振出しがあっても，一定の限度額まで銀行が支払いに応じる「当座借越契約」を事前に結んでおく。この契約によって**当座借越**（負債）勘定が使用可能となる。

　ただし，期中は当座預金勘定のみで処理し，決算時に当座預金勘定がマイナスだった場合に当座借越勘定に振り替えることが一般的である。

（例）① 自社の普通預金口座から¥500を自社の当座預金口座に振り込んだ。

　　　② 買掛金の支払いのため額面¥800の小切手を振り出した。

　　　③ 営業用の車（車両運搬具）¥1,500を購入し，代金として小切手を振り出した。

　　　④ 売掛金の一部として¥400が当座預金口座に入金された。

　　　（借方）　　　　　　　　　　　　（貸方）
　　　① 当 座 預 金（＋資産）　　500　／　普 通 預 金（－資産）　　500
　　　② 買 　掛　 金（－負債）　　800　／　当 座 預 金（－資産）　　800
　　　③ 車両運搬具（＋資産）　1,500　／　当 座 預 金（－資産）　1,500
　　　④ 当 座 預 金（＋資産）　　700　／　売 　掛　 金（－資産）　　700

(＋)		当座預金			(－)	
前 月 繰 越	1,200		② 買　掛　金		800
① 普 通 預 金	500		③ 車両運搬具		1,500
④ 売　掛　金	700		次 月 繰 越		100
	2,400				2,400

練習問題

　次の一連の取引の仕訳し，T勘定（当座預金：前月繰越¥400）を作成しなさい。なお，当座借越契約（限度¥600）を結んでおり，普通預金は銀行ごとに管理している。
1 ）手元の現金¥500を淀川銀行の普通預金に預け入れた。
2 ）道頓堀銀行の普通預金口座から¥300を自社の当座預金口座に振り込んだ。
3 ）商品¥300を仕入れ，代金は小切手を振り出して支払った。
4 ）商品¥500を売上げ，代金を小切手で受け取った。
5 ）売掛金の回収として額面¥450の小切手を受け取った。
6 ）買掛金の支払いとして額面¥400の小切手を振り出した。
7 ）備品¥300を購入し，代金は小切手を振り出して支払った。
8 ）上記5 ）の小切手を当座預金に預け入れた。

（7）貸付金と借入金

　企業はグループ会社に金銭の貸し借りをすることがある。金銭を貸した時は**貸付金**（資産）の増加，金銭を借りた時は**借入金**（負債）の増加として処理する。銀行への預金は貸付金とは区別されるが，借入金はむしろ銀行からの割合が大きい。

　金銭を貸すと手元の現金は減るが，**債権**（貸付金は後で金銭を返してもらう権利）が増えるため資産の増加となる。反対に金銭を借りると手元の現金は増えるが，**債務**（借入金は後で金銭を返す義務）が増えるため負債の増加となる。

　なお，貸付金・借入金には通常，利息が発生する。貸付金に対する利息を受け取った時は**受取利息**（収益），借入金に対する利息を支払った時には**支払利息**（費用）として処理する。

(例) ① グループ企業に現金 ¥500 を貸し付けた。

② 上記について利息 ¥20 と元金のうち ¥300 の返済を現金で受けた。

③ 銀行から現金 ¥300 を借り入れた。

④ 前月からの借入金 ¥200 が返済期限となり，利息 ¥15 を含めて普通預金口座から返済した。

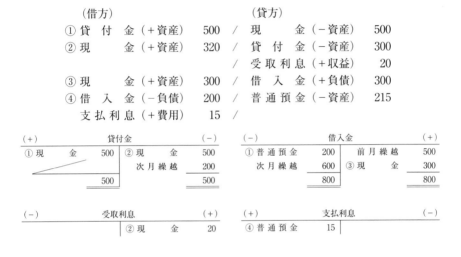

```
        (借方)                    (貸方)
①  貸 付 金（＋資産）  500  /  現    金（－資産）  500
②  現    金（＋資産）  320  /  貸 付 金（－資産）  300
                            /  受 取 利 息（＋収益）  20
③  現    金（＋資産）  300  /  借 入 金（＋負債）  300
④  借 入 金（－負債）  200  /  普 通 預 金（－資産）  215
   支 払 利 息（＋費用）  15  /
```

```
(＋)        貸付金           (－)      (－)        借入金           (＋)
① 現    金   500 ② 現    金   500      ① 普通預金   200   前 月 繰 越   500
                   次 月 繰 越  200      次 月 繰 越  600 ③ 現    金   300
                   500         500      800               800


(－)        受取利息         (＋)      (＋)        支払利息         (－)
            ② 現    金   20           ④ 普通預金   15
```

練習問題

次の一連の取引を仕訳しなさい。

1）グループ企業に貸付金として額面 ¥300 の小切手を振り出した。なお，貸し付けの条件は年利4％，期間は半年間である。

2）上記1）について利息と元金が普通預金口座に入金された。

3）運転資金調達のためグループ企業に ¥600 の借り入れを依頼し，普通預金口座に入金を受けた。なお，借り入れの条件は年利5％，期間は4ヶ月である。

4）上記3）について期日となり，利息を含めて全額を普通預金口座から返済した。

２－３. 商品売買の取引 (2)

（1）受取手形と支払手形

商品の売買代金の決済に手形を利用することがある。手形には，**約束手形**と為替手形の２種類があるが，実際に為替手形が利用されることは非常に少ないため，ここでは約束手形のみを学習する。手形を利用するには小切手と同様に事前に当座預金口座の開設が必要である。

図表の約束手形は，債務者（河原町物産）が債権者（宇治商事）に一定の期日（20xx 年９月 30 日）に，一定の場所（賀茂川銀行御所前支店）で，一定額（200 万円）の支払いを約束した有価証券である。この債務者（河原町物産）を手形の振出人，債権者（宇治商事）を受取人（名宛人）という。債務者は手形の振出人であると同時に支払人でもある。

約束手形の受取人は**受取手形**（資産）勘定が増加し，振出人は**支払手形**（負債）勘定が増加する。その約束手形が支払期日（満期日）となって決済されると両勘定とも消滅する。

(例) ① 河原町物産は商品 ¥2,000,000 を宇治商事から仕入れ，支払いのために約束手形を振り出した。

②上記手形の期日となり，双方の当座預金口座を通して決済された。

	（借方）			（貸方）	
① 振出人：	仕　　入（＋費用）	2,000,000	/	支払手形（＋負債）	2,000,000
① 受取人：	受取手形（＋資産）	2,000,000	/	売　　上（＋収益）	2,000,000
② 振出人：	支払手形（－負債）	2,000,000	/	当座預金（－資産）	2,000,000
② 受取人：	当座預金（＋資産）	2,000,000	/	受取手形（－資産）	2,000,000

(2) 不 渡 手 形

受取手形は，取引の当事者間のみの債権である売掛金よりも信頼性もしくは安全性が高いと考えられる。銀行を通した法的な文書であり，決済できない場合には振出人の信用に深刻な影響が生じるからである。しかしながら，実際には手形の信用度は完全ではなく，振出人の資金不足のために決済が行われないことがある。これを手形の**不渡り**という。

手形が不渡りとなった場合，受取人は約束の期日に換金することはできないが，請求権は残されている。その請求権を行使する場合，**不渡手形**（資産）が増加し，受取手形（資産）が減少する。不渡手形の額には請求にかかる諸費用を含めることができる。不渡手形は金銭を請求する権利であるため資産だが，他の資産より現金化できる可能性が低く，望ましい資産ではない。

(例) ① 取引銀行から，決済を依頼していた受取手形 ¥500 が換金できなかった旨の連絡を受けた。諸費用 ¥40 を現金で支払い，直ちに償還請求の手続きをした。

② 上記について，現金 ¥300 を回収することができたが，残額の回収は不可能と判断し処理した（貸倒損失）。 ＊貸倒損失：債権が回収不能となった時に発生する費用 。第 3 節 で学習する。

```
   (借方)                        (貸方)
① 不 渡 手 形（＋資産）   540  ／  受 取 手 形（－資産）   500
                          ／  現      金（－資産）    40
② 現      金（＋資産）   300  ／  不 渡 手 形（－資産）   540
   貸 倒 損 失（＋費用）   240  ／
```

(3) 手形の裏書譲渡と割引

　受け取った手形は，支払期日を待って換金することが通常の処理であるが，期日前に他の債務の支払いのために譲渡することや，銀行で割り引く（換金する）ことができる。手形を他者に譲渡するには**裏書**（手形の裏面に譲渡する者の氏名・住所等の記入と捺印，被裏書人の名前）が必要となる。**割引**は，保有する手形を銀行に手数料を支払って現金化することである。この手数料は**手形売却損**（費用）勘定で処理する。なお，裏書や割引によってその手形の所有権を失った後も，決済が完了するまでは不渡りとなるリスクは消滅しない。

　（例）① 商品¥750 を仕入れ，代金は保有している約束手形¥500 を裏書譲渡し，残額は掛けとした。

　　　　② 保有している約束手形¥800 を銀行で割り引いた。手数料¥32 が差し引かれて残額が当座預金口座に入金された。

```
   (借方)                        (貸方)
① 仕      入（＋費用）   750  ／  受 取 手 形（－資産）   500
                          ／  買 掛 金（＋負債）       250
② 当 座 預 金（＋資産）   768  ／  受 取 手 形（－資産）   800
   手形売却損（＋費用）     32  ／
```

練習問題

　次の一連の取引を仕訳しなさい。

　1）高槻商店に商品¥700 を販売し，代金の半分を現金で受け取り，残額は同店振出しの約束手形で受け取った。

　2）弁天町商店から商品¥800 を仕入れ，代金として上記1）で受け取った手形を譲渡し，不足分は掛けとした。

　3）商品の仕入れのため，以前に振り出していた約束手形¥500 が支払期日と

なり当座預金口座で決済された。

4）保有している約束手形（額面 ¥500）が不渡りとなり，直ちに償還請求を行った。なお，この手続きの費用 ¥50 を現金で支払った。

5）蛍池商店から受け取っていた約束手形（額面 ¥400）を宝塚銀行で割り引いた。割引料 ¥30 が差引かれ，残額は同行の普通預金口座に入金した。なお，普通預金は銀行ごとに管理している。

6）上記4）について現金 ¥300 を回収したが，残額は回収不能と処理した。

(4) 電子記録債権と債務

約束手形を利用した取引では，多額の現金を用意する手間や運送のリスクを軽減できるが，手形の作成や郵送のコスト，紛失・盗難のリスクは残っている。そのため，近年利用されるようになってきたのが**電子記録債権**である。電子記録債権は，債権者もしくは債務者のどちらかが電子記録債権機関に債権・債務の発生記録を請求することによって生じる。ただし，債権者が請求する場合は一定期間内に債務者の同意が必要となる。債権者は**電子記録債権（資産）**，債務者は**電子記録債務（負債）**を計上する。電子記録債権機関には，都市銀行によるものや全国銀行協会による「でんさいネット」などがある。

（例）① 八尾商店に対する売掛金 ¥700 について，電子債権記録機関に債権発生の記録を請求し，先方の承諾を得た。

② 上記 ① の債権が決済され，当座預金口座に入金された。

③ 貝塚商店への買掛金 ¥500 について，電子債権記録機関に債権発生の記録を請求した。

④ 上記 ③ の債務が当座預金口座を通して決済された。

```
（借方）                          （貸方）
① 電子記録債権（＋資産）  700  ／  売  掛  金（－資産）  700
② 当 座 預 金（＋資産）  700  ／  電子記録債権（－資産）  700
③ 買  掛  金（－負債）  500  ／  電子記録債務（＋負債）  500
④ 電子記録債務（－負債）  500  ／  当 座 預 金（－資産）  500
```

（5）クレジット売掛金

　商品を販売したりサービスを提供した際，その支払いに顧客がクレジットカードを利用することがある。このような取引では，**クレジット売掛金**（資産）勘定が発生する。クレジット売掛金は，通常の売掛金と比較して代金回収の手間やリスクを軽減できるが，信販会社（顧客が利用したクレジットカードの発行元）に手数料を支払う必要がある。信販会社は顧客の代わりに代金を払ってくれるが，その際に手数料が差し引かれる。

　（例）① 商品¥1,000 を販売し，代金をクレジットカードで決済した。この取引には 4%の手数料が発生し，販売時に計上する。

　　　② 上記 ① について，手数料を差し引いた金額が普通預金口座に入金された。

　　（借方）　　　　　　　　　　　　　（貸方）
　①クレジット売掛金（＋資産）　960 ／ 売　　　　　　上（＋収益）1,000
　　支 払 手 数 料（＋費用）　 40 ／
　②普 通 預 金（＋資産）　960 ／ クレジット売掛金（－資産）　960

練習問題

　次の一連の取引を仕訳しなさい。
　1）商品¥400を販売し代金は掛けとした。
　2）商品¥600を販売し，クレジットカードで支払いを受けた。この取引には 4%の手数料が発生し，販売時に計上する。
　3）上記1）について，電子債権記録機関に債権発生の記録を請求した。
　4）上記2）について，手数料が控除された金額が普通預金口座に入金された。
　5）電子記録債務¥500の支払期日となり，当座預金口座で決済された。

（6）前払金と前受金

　正式に商品を売買する前に，代金の一部として手付金の授受を行うことがある。手付金を支払った側は**前払金**（資産）勘定，受け取った側は**前受金**（負債）勘定として処理する。その後，実際に取引する際に手付金は商品代金の一部と

なり消滅する。前払金は，商品やサービスの提供を受ける前に支払った金額で，その分を請求できる権利（資産）である。前受金は，商品やサービスを提供する前に受け取った金額で，その分を提供する義務（負債）である。

（例）① 来月に納品予定の商品 ¥500 について，手付金として現金 ¥100 を支払った。

② 上記 ① の商品が届き，残額を現金で先方の普通預金口座に振り込んだ。

③ 上記 ① の売主の仕訳。

④ 上記 ② の売主の仕訳。

	（借方）			（貸方）	
① 前　払　金（＋資産）	100	/	現　　　　金（−資産）	100
② 仕　　　　入（＋費用）	500	/	前　払　金（−資産）	100
		/	現　　　　金（−資産）	400
③ 現　　　　金（＋資産）	100	/	前　受　金（＋負債）	100
④ 前　受　金（−負債）	100	/	売　　　　上（＋収益）	500
普 通 預 金（＋資産）	400	/		

（7）受 取 商 品 券

商品を販売した時に，先方が，提携先もしくは自治体が地域振興等の目的で発行した商品券を支払いに用いることがある。このような場合は**受取商品券**（資産）勘定の増加として処理する。受け取った商品券は，発行元で換金したり，自社で使用することもできる。ちなみに自社が商品券を発行した場合は**商品券**（負債）勘定の増加となる。商品券を発行した額だけ商品やサービスを提供する義務が増えるからである。ここでは受取商品券のみを学習する。

（例）① 商品 ¥700 を販売し，代金として吹田市発行の商品券 ¥500 と残額の現金を受け取った。

② 上記 ① の商品券を市役所に持参して換金した。

	（借方）			（貸方）	
① 受取商品券（＋資産）	500	/	売　　　　上（＋収益）	700
現　　　　金（＋資産）	200	/		
② 現　　　　金（＋資産）	500	/	受取商品券（−資産）	500

練習問題

次の一連の取引を仕訳しなさい。

1）来月に納品予定の商品￥800について，手付金￥150が当座預金口座に振り込まれた。
2）商品￥700を仕入れ，代金として保有していた大阪市発行の商品券￥500を渡し，残額は掛けとした。
3）上記1）の商品を納品し，残額を現金で受け取った。
4）商品￥400を販売し，代金は枚方市発行の商品券で受け取った。
5）来月に仕入れる予定の商品￥800について，代金の一部￥100を普通預金口座から振り込んだ。
6）上記4）で受け取った商品券を市役所で換金した。
7）上記5）の商品が届き，残額は小切手を振り出して支払った。

2－4．その他の債権と債務

（1）未収入金と未払金

未収入金（資産）勘定および**未払金**（負債）勘定は，本業以外の売買取引から生じる債権・債務を処理する勘定科目である。例えば，家電販売業者による不動産の売買，家具販売業者による営業車の売買などで代金を後払いとした時に使用する。

未収入金・未払金は売掛金・買掛金と混同しやすいため，その取引が本業かそうでないかに注意する必要がある。本業に関連しない売買であるため，仕入・売上勘定も使用せず，相手勘定科目は固定資産（土地・建物・備品など）になることが多い。

（例）① 当社は小売業（スーパー）であるが，駐車場を広げるために土地￥500を購入した。代金は翌月末までに支払う約束である。
② 上記①の代金として小切手を振り出した。
③ 上記①の売主（サービス業：レンタカー）の仕訳。
④ 上記②の売主の仕訳。

（借方）　　　　　　　　　　　（貸方）
① 土　　　　地（＋資産）　500　/　未　払　金（＋負債）　500
② 未　払　金（－負債）　500　/　当 座 預 金（－資産）　500
③ 未 収 入 金（＋資産）　500　/　土　　　　地（－資産）　500
④ 現　　　　金（＋資産）　500　/　未 収 入 金（－資産）　500

(2) 仮払金と仮受金

　従業員が出張する前に経費として現金を渡したり，営業活動用（近距離の交通費や消耗品の購入など）の IC カードに現金をチャージすることがある。このような取引では支出の項目や金額が決まっていないため，**仮払金**（資産）勘定を使用する。反対に，理由が判明する前に入金があった場合には**仮受金**（負債）勘定を使用する。売掛金や貸付金を回収した際，連絡より先に入金があった場合に使用されることが多い。

　仮払金は先に支払った分だけの商品やサービスを得る権利，仮受金は受け取った金額に相当する商品やサービスを提供する，もしくは提供したことを確認する義務である。仮払金および仮受金は，その理由や金額が確定すると適切な勘定科目に振り替えられて消滅する。

　（例）① 出張前の従業員に諸費用の概算として現金¥450を渡した。

　　　　② 出張中の従業員から普通預金口座に¥700の入金があったが，原因は不明である。

　　　　③ 上記の従業員が出張から戻り，交通費と宿泊代として¥420を支出した旨の報告と残額の返金を受けた。

　　　　④ 上記 ② の入金は，取引先から売掛金を回収したものであった。

　　　（借方）　　　　　　　　　　　（貸方）
　　　① 仮　払　金（＋資産）　450　/　現　　　　金（－資産）　450
　　　② 普 通 預 金（＋資産）　700　/　仮　受　金（＋負債）　700
　　　③ 旅費交通費（＋費用）　420　/　仮　払　金（－資産）　450
　　　　　現　　　　金（＋資産）　 30
　　　④ 仮　受　金（－負債）　700　/　売　掛　金（－資産）　700

練習問題

次の一連の取引を仕訳しなさい。

1）事務所で利用する応接セット（備品）¥1,200を購入し，代金は翌月支払うこととした。
2）事務作業用のパソコン（備品）を¥400で売却した。代金は翌月に振り込まれる予定である。なお損益は発生していない。
3）営業活動に使用する交通系のICカードに¥500を入金した。
4）従業員から，業務のため上記3）のICカードで電車代¥300の支払いと消耗品¥100を購入した旨の報告を受けた。
5）出張中の従業員から当座預金口座に¥840の入金があったが，その内容については不明である。
6）上記5）について，取引先への貸付金の回収であることが判明した。なお，その金額には¥40の利息が含まれていた。

（3）差 入 保 証 金

店舗やオフィスを借りる際に敷金や保証金を差し入れることがある。このような場合は，**差入保証金**（資産）勘定の増加として処理する。解約によって返金を受けると消滅する。使用状況によっては返金されないこともあるが，その場合も差入保証金は無くなる。

（例）① 支店を開くために店舗物件を賃借する契約を結び，2ヵ月分の家賃（¥150（月））と保証金¥450を小切手を振り出して支払った。

② 上記の支店を閉じることになり，保証金の全額が普通預金口座に入金された。

（借方）		（貸方）	
① 差 入 保 証 金（＋資産）	450 /	当 座 預 金（－資産）	750
支 払 家 賃（＋費用）	300 /		
② 普 通 預 金（＋資産）	450 /	差 入 保 証 金（－資産）	450

（4）立 替 金

立替金（資産）勘定は，取引先や従業員のために，一時的に金銭を立替えた時に処理する勘定科目である。先方が負担するはずの送料や従業員の個人的な

支出を立替えた場合に発生する。ただし，対象が従業員の場合には**従業員立替金**として処理する。立替えた金銭を回収すると立替金勘定は消滅する。立替金はその額を後で回収する権利があるため資産である。

　（例）① 従業員が個人的に加入している保険の掛け金¥120 を立替えて現金で支
　　　　　払った。
　　　　② 従業員から上記の立替えについて返済を受けた。

　（借方）　　　　　　　　　　　　　　（貸方）
① 従業員立替金（＋資産）　120　/　現　　　　　金（－資産）　120
② 現　　　　　金（＋資産）　120　/　従業員立替金（－資産）　120

練習問題
　　次の一連の取引を仕訳しなさい。
　1）支店を閉鎖して賃貸契約を解除した。これに伴って入居の際に払っていた保証金¥700が普通預金口座に振り込まれた。
　2）従業員が負担するはずの食事代¥500を立替えて現金で支払った。
　3）上記2）について従業員から現金で全額の返済を受けた。

---

(5) 預　り　金

　預り金（負債）勘定は，取引先や従業員から一時的に金銭を預かった時に処理する勘定である。主として従業員の給与から源泉徴収（天引き）される**所得税，住民税**や**社会保険料**などの処理に使用される。企業は従業員に給料を支払う際に所得税や住民税を源泉徴収（天引き）し，社会保険料を差し引く。その分だけ支払う給料は減るが，それらは企業の収入ではなく一時的に預かっているだけである。

　これらは他の預り金と区別するために，それぞれ**所得税預り金，住民税預り金，社会保険料預り金**として処理する。従業員が任意で参加している積立金やクラブ活動の会費を預かる場合には**従業員預り金**とする。

　社会保険には健康保険・厚生年金保険・介護保険・労災保険・雇用保険などがある。労災保険料は雇用主である企業が全額負担するが，他の保険料は企業と従業員の双方が支払っている（介護保険は40歳以上が対象）。企業が負担する

額は，従業員が支払う保険料と同額（雇用保険料は企業負担の割合が高い）であり，**法定福利費**（費用）勘定で処理する。

(例) ① 従業員に給料 ¥500 を支給する際，所得税 ¥20，住民税 ¥30，社会保険料 ¥50 を差し引いて普通預金口座から振り込んだ。

② 上記 ① で源泉徴収した額を税務署に現金で納付した。

③ 上記 ① で預かった社会保険料に会社負担分 ¥55 を加えて，日本年金機構に普通預金口座から振り込んだ。

```
（借方）                          （貸方）
① 給       料（＋費用）  500  ／  所 得 税 預 り 金（＋負債）   20
                          ／  住 民 税 預 り 金（＋負債）   30
                          ／  社会保険料預り金（＋負債）   50
                          ／  普 通 預 金（－資産）  400
② 所得税預り金（－負債）  20  ／  現       金（－資産）   50
   住民税預り金（－負債）  30  ／
③ 社会保険料預り金（－負債） 50 ／  普 通 預 金（－資産）  105
   法 定 福 利 費（＋費用）  55 ／
```

練習問題

次の一連の取引を仕訳しなさい。

1）給料 ¥3,000 の支給に際して，所得税 ¥150，住民税 ¥200 の源泉徴収，社会保険料 ¥400 と従業員の個人的な支出への立替 ¥30 を差し引いて，普通預金口座から振り込んだ。

2）上記1）について税務署には現金で納付し，社会保険料は普通預金口座から年金機構に振り込んだ。なお社会保険料については，企業負担分 ¥420 を合わせて支払った。

(6) 手形貸付金と手形借入金

金銭の貸し借りを行う際に，借用証書ではなく代わりに手形を利用する場合がある。手形は原則として短期間の取引となるが，借用証書より事務コストを低くできる。また，当事者間での借用証書と比べて，銀行が間に入っているため信頼性も高くなる。

　手形を利用する場合，金銭を借りる側が約束手形を振り出して貸主に渡すことになる。貸主は**手形貸付金**（資産）勘定の増加，借主は**手形借入金**（負債）勘定の増加として処理する。利息が発生するが，その利息分を手形の額面から差し引いて貸し借りすることが一般的である。手形借入金として額面￥5,000の約束手形を振り出しても全額は入金されず，利息を先払いした形式になる。

（例）① 取引先からの依頼により ￥3,000 を貸し付けた。先方から同額の約束手形
　　　　の振り出しを受け，利息 ￥100 を差し引いて現金で渡した。

　　　② 上記 ① について借主の仕訳。

　　　③ 上記 ① の手形が期日となり，当座預金口座に入金された。

```
（借方）                        （貸方）
① 手形貸付金（＋資産） 3,000  ／  現    　　金（－資産） 2,900
                        ／  受 取 利 息（＋収益）   100
② 現    　　金（＋資産） 2,900  ／  手形借入金（＋負債） 3,000
   支 払 利 息（＋費用）   100  ／
③ 当 座 預 金（＋資産） 3,000  ／  手形貸付金（－資産） 3,000
```

練習問題
　　次の一連の取引を仕訳しなさい。
　1）グループ企業から現金￥5,000を利率年3％，返済期日は半年後の条件で借り入れた。先方へ同額の約束手形を振り出し，利息を控除した額を先方振り出しの小切手で受け取った。
　2）上記1）の取引で貸主の仕訳。
　3）上記1）の手形が当座預金口座で決済された。

2－5．有価証券の取引

（1）債 権 と 株 式

　企業は余裕資金がある時，**有価証券**（公社債や株式など）に投資して運用することがある。公債には，国が発行する**国債**や地方公共団体が発行する**地方債**などがある。**社債**は，企業が資金調達の目的で発行するものである。発行者に

とって債務となり，所有者にとっては債権となる。一般的に社債は公債よりもリスクが高い代わりに利回りが高く設定されている。投資資金は，利息収入（インカム・ゲイン）に加えて債権の満期による返済もしくは譲渡（売却）することによって回収される。

　株式は，株式会社が主として資金調達の目的で発行する証券である。株式の所有者は株主と呼ばれ，株主総会での議決権や配当金を受け取る権利を得る。投資資金は，配当金収入および譲渡（売却）によって回収される。一般的に債権よりもリスクが高く，利回りも期待される（ハイリスク・ハイリターン）。株式には値上がり益（キャピタル・ゲイン）も求められる。

　(2) 保有目的による分類

　有価証券は資産の勘定科目であり，保有目的によって次の4つに区分される。①**売買目的有価証券**：時価の変動により，利益を得ることを目的に保有する有価証券。②**満期保有目的債券**：満期まで所有する意図をもって保有する社債や国債など。③**関係会社株式**：子会社株式および関連会社株式（一定の議決権を有し，経営に重要な影響を与える会社に対する株式）。④**その他有価証券**：上記3つ以外の有価証券，いわゆる持合株式など。ここでは売買目的有価証券を対象に学習する。

　(3) 売買目的有価証券の購入と売却

　売買目的の国債や株式などを購入した時は，買入手数料を加えた額を取得原価として**売買目的有価証券**（資産）勘定で処理する。売却によって利益を得た時は**有価証券売却益**（収益）勘定，損失が出た場合は**有価証券売却損**（費用）勘定を計上する。

　(例) ① 売買目的でA社株式（20株 @¥200）を購入し，代金を普通預金口座から振り込んだ。

　　　　② 上記①で購入した株式の半分を1株あたり¥250で売却し，代金が普通預金口座に入金された。

　　　　③ 上記①で購入した株式の残りを1株あたり¥180で売却し，代金が普通預金口座に入金された。

```
（借方）                          （貸方）
① 売買目的有価証券（＋資産） 4,000  ／ 普 通 預 金（－資産） 4,000
② 普 通 預 金（＋資産） 2,500  ／ 売買目的有価証券（－資産） 2,000
                               ／ 有価証券売却益（＋収益）    500
③ 普 通 預 金（＋資産） 1,800  ／ 売買目的有価証券（－資産） 2,000
   有価証券売却損（＋費用）  200  ／
```

（4）有価証券利息と受取配当金

　有価証券を購入する目的には，売却益を得ることに加えて利息もしくは配当金を得ることがある。保有する公社債から利息を受け取った時は，**有価証券利息**（収益）勘定が増加する。銀行預金や貸付金から得る利息（受取利息）とは異なる勘定科目を使用する。株式から利益の分配である配当金を受け取った時は，**受取配当金**（収益）勘定で処理する。国債や社債から得られる利息は事前に約束されているが，配当金はその企業の業績によって増減し，無配（ゼロ）になる可能性もある。

　（例）① 売買目的で保有している国債の利息￥80 が普通預金口座に入金された。

　　　　② 売買目的で保有している株式の配当金領収証 ￥150 が 届いた。

```
（借方）                          （貸方）
① 普 通 預 金（＋資産）   80  ／ 有価証券利息（＋収益）   80
② 現      金（＋資産）  150  ／ 受 取 配 当 金（＋収益） 150
```

練習問題

　　次の一連の取引を仕訳しなさい。

　1）明石産業（株）の株式（12株 @ ￥70）を購入した。代金は仲介手数料￥24 とともに小切手を振出して支払った。

　2）上記1）のうち5株（1株あたり￥90）を売却し，代金を現金で受け取った。

　3）上記1）のうち3株（1株あたり￥55）を売却し，代金が当座預金に振り込まれた。

　4）配当金￥30 の受領証が届いた。

　5）他社の社債￥500 を売買目的で購入し，代金を現金で支払った。

　6）保有している社債の利息￥30が普通預金口座に入金された。

2−6. 純資産の取引

(1) 株式の発行と資本金

　株式会社を設立するためには株式を発行し，出資を引き受けてくれる株主から開業資金を得る必要がある。株式の発行によって株主から得た資金は，**資本金**（純資産）勘定として処理する。株式は会社の設立時だけでなく，事業拡大のためなどの理由で追加の資金が必要となった時にも発行されることがある。設立後に株式を発行して資本金を増加させることを**増資**という。資金調達には銀行から融資を受ける選択肢もあるが，どちらを選択するかは経営者の判断による。

　株式の発行によって得た資金は資本金として処理するが，会社法に「二分の一を超えない額は，資本金として計上しないことができる（445条の2）」と定められている。つまり，払込金額の半分までは資本金に計上しなくてもよいということで，資本金としない額は**資本準備金**（純資産）勘定に計上する。資本準備金を設ける理由には，税制上のメリットを得るために資本金の額を一定額以下に調整したり，将来の支出や損失に備えるためなどがある。損失の補填には資本金を使用することもできるが，そのための減資は関係者に悪いイメージを与える恐れがあり，株主総会の特別決議（3分の2以上の賛成）も必要である。資本準備金による損失の補填は資本金と比較して影響も小さく，普通決議（2分の1以上の賛成）で実行できる。

　（例）① 会社設立のために1株当たり¥100で50株を発行し，株主からの払込金が普通預金口座に入金された。

　　　　② 事業拡大のために1株当たり¥150で30株を発行し，株主からの払込金が普通預金口座に入金された。資本金に組み入れるのは会社法で認められる最低額とする。

（借方）　　　　　　　　　　　（貸方）
① 普 通 預 金（＋資産）5,000　／　資 本 金（＋純資産）5,000
② 普 通 預 金（＋資産）4,500　／　資 本 金（＋純資産）2,250
　　　　　　　　　　　　　　　／　資本準備金（＋純資産）2,250

（＋）	普通預金		（−）		（−）	資本金		（＋）
① 資本金	5,000						① 普通預金	5,000
② 諸　口	4,500						② 普通預金	2,250

＊諸口：相手の勘定科目が複数あることを示す用語

　株式を発行するためには，証券会社に対する手数料や広告費，また定款の作成費用や設立登記のための登録免許料などの株式発行の費用が発生する。会社設立時にかかった株式発行費用は**創立費（費用）**として処理する。増資時にかかる株式発行費用は**株式交付費（費用）**で処理する。これらの費用は，その効果が長期に及ぶことから繰延資産（詳細は第3章）として計上することもある。

(2) 株主への配当

　株主は，リスクに見合うリターン（配当金）を期待して資金を提供している。具体的には，株主総会によって配当の有無や金額を決定する。成長のため配当よりも投資を優先すべきと考える株主がいれば，最大限の配当を求める株主もいる。そのため議決が必要となる。もし，ある株主がその会社の50％を超える株式を所有していれば，自分で配当額を決定することができる。配当金は1株当たり○○円と決定され，所有する株式数に比例して受け取る。

　会社は**繰越利益剰余金**（純資産）勘定として，これまでの利益を留保しており，それが配当の原資となる。株主総会で配当の額が決定されると，繰越利益剰余金を**未払配当金**（負債）勘定に振り替える。後日，実際に支払った時に未払配当金は消滅する。なお，配当を実施する際には**利益準備金**（純資産）勘定を計上しなければならない。債権者保護（社内に一定の資金を維持）の観点から，会社法によって配当金額の10分の1を積み立てる。ただし，資本準備金と合わせて資本金の4分の1に達する場合は不要である。

(例) ① 株主総会において 1株当たり ¥20 を配当することが決定された。発行済株式数は 300 株である。会社法の規定による最小額を準備金として積み立てる。

　② 株主総会において 1株当たり ¥50の配当が決定された。発行済株式数は 600 株である。会社法の規定による最小額を準備金として積み立てる。現在の資本金は ¥60,000, 資本準備金は ¥13,000, 利益準備金は¥1,500である。

（借方）　　　　　　　　　　　　　　　（貸方）
① 繰越利益剰余金（－純資産）6,600　／　未 払 配 当 金（＋負　債）6,000
　　　　　　　　　　　　　　　　　／　利 益 準 備 金（＋純資産）　600
② 繰越利益剰余金（－純資産）30,500　／　未 払 配 当 金（＋負　債）30,000
　　　　　　　　　　　　　　　　　／　利 益 準 備 金（＋純資産）＊500
＊会社法の規定による必要額（15,000）に500で達するので10分の1（3,000）は不要。

（－）		繰越利益剰余金		（＋）
② 諸	口	30,500	前 期 繰 越	50,000

（－）	利益準備金		（＋）
		前 期 繰 越	1,500
		② 繰越利益剰余金	500

　　＊ T勘定は②のみ示している。

練習問題

　次の取引を仕訳しなさい。
1）資金調達のため増資を行った。1株当たり¥200で20株発行し，払込金の全額が普通預金口座に入金された。その金額の6割を資本金とする。なお，諸費用¥300は現金で支払った。
2）株主総会において1株当たり¥40の配当が決定された。発行済株式数は500株である。会社法の規定による最小額を準備金として積み立てる。現在の資本金は¥80,000，資本準備金は¥10,000，利益準備金は¥2,000である。

2−7.　その他の収益と費用

　小売業であれば，商品を仕入れて販売することが主たる活動である。それによって仕入（費用）と売上（収益）が発生するが，企業が活動する過程では他にも多様な収益と費用が発生する。ここでは，これまでに触れてない収益と費用を学習する。

(1) 租　税　公　課

　会社が納める税金として最初にイメージできるのは法人税であろう。ただし法人税は 1 年間の営業活動で得た利益（税法では所得という）に課されるため，第 3 節の決算整理で学習する。ここでは，通常の営業活動に関連して発生し，期中に納める税金を説明する。

　期中に納める税金には，**固定資産税，自動車税，印紙税**などがある。これらの税金を支払った場合，**租税公課**（費用）勘定の発生として処理する。なお，個別の名称で勘定科目を設けることもできる。

　固定資産税：毎年 1 月 1 日時点で，建物や土地などの固定資産を保有している者に課税される。一括納付もしくは分割納付も認められており，分割する場合，第 1 期〜第 4 期の 4 回に分けて納付する。

　自動車税：自動車の保有による自動車税，自動車重量税など。

　印紙税：不動産の売買契約書や一定額以上の領収証は収入印紙が必要になることがある。収入印紙は切手と同じような形で郵便局や法務局などで購入できる。一般的に収入印紙の購入時に計上する。

　（例）① 契約書の作成のため，収入印紙 ¥300 を現金で購入した。

　　　　② 固定資産税の納税通知書が届き，第 1 期分 ¥850 を現金で納付した。

　　　　③ 営業車の車検のため，重量税 ¥400 を現金で納付した。

　　　（借方）　　　　　　　　　　　　（貸方）
　　　① 租 税 公 課（＋費用）　300　／　現　　　　金（−資産）　300
　　　② 租 税 公 課（＋費用）　850　／　現　　　　金（−資産）　850
　　　③ 租 税 公 課（＋費用）　400　／　現　　　　金（−資産）　400

（2）その他の収益と費用

（収益の勘定科目）

① **受取手数料**：本業に属していない活動から得た収入。保険会社や不動産会社に取引先を紹介したり自動販売機を設置することで得た金銭や，依頼を受けて他社の商品を販売することで得た依頼主からの手数料など。

② **受取地代**：土地を貸すことによって得た金銭。

③ **雑益**：現金過不足の処理に加えて，他に適切な科目がなく少額の収入があった時に使用する。開店祝いの祝儀，補助金や助成金収入，上記①，②も勘定科目を設けるほどの重要性が乏しい場合は，雑益に含めることができる。

（費用の勘定科目）

① **支払手数料**：銀行振込，不動産の仲介や公的書類の発行時に発生する。

② **支払地代**：建物の敷地や駐車場として土地を借りている時に発生する。

③ **広告宣伝費**：インターネットやテレビ，雑誌等で自社や自社の製品を宣伝する時に発生する。

④ **保管費**：商品や製品を保管するために倉庫を借りたり，倉庫業者に依頼した時に発生する。

⑤ **諸会費**：自治会や商工会議所，関連する業界団体などに会費を支払った時に発生する。

⑥ **雑費**：事務所のクリーニング費用，ゴミの回収費用や事務所の移転費用などが該当する。他の科目に該当しない少額の費用も含めることができる。

練習問題

次の一連の取引を仕訳しなさい。

1）営業用に自動車¥800を購入し代金は後払いとした。自動車税¥40と重量税¥30は現金で支払った。

2）第2期の固定資産税¥700を現金で納付した。

3）郵便局で切手¥400と収入印紙¥300を現金で購入した。

4）駐車場に自動販売機を設置し手数料￥150を現金で受け取った。当社は受取手数料勘定を使用していない。

5）商品の保管を依頼している倉庫業者から￥200の請求があり，小切手を振り出して支払った。

6）清掃業者に不用品の回収を依頼し，代金￥300を現金で支払った。

7）地代として￥250が普通預金口座に入金された。

8）地域の自治会に会費￥200を現金で支払った。

2－8. 訂　正　仕　訳

　大量の取引を処理する過程でミスが発生することがある。その訂正は決算時に限らず，発見すれば随時訂正することが望ましい。ある取引が記帳（入力）されていない場合は，その内容を追加すればよいが，勘定科目や金額を間違えた場合には訂正が必要となる。具体的には，まず間違った仕訳を探し，その反対仕訳によって該当する勘定科目の金額を元に戻す。次に正しい仕訳を記帳する。

　（例）① 商品￥500 を仕入れた時，現金で支払っていたのに掛け取引として処理していた。

　　　　② 電気代 ￥330 が普通預金口座から引き落としされていた時に，通信費として処理していた。

　（借方）　　　　　　　　　　（貸方）
① 仕　　　　入（＋費用）　500　／　買　掛　金（＋負債）　500（間違った仕訳）
　 買　掛　金（－負債）　500　／　仕　　　　入（－費用）　500（反対仕訳）
　 仕　　　　入（＋費用）　500　／　現　　　　金（－資産）　500（正しい仕訳）
② 通　信　費（＋費用）　330　／　普　通　預　金（－資産）　330（間違った仕訳）
　 普　通　預　金（＋資産）　330　／　通　信　費（－費用）　330（反対仕訳）
　 水道光熱費（＋費用）　330　／　普　通　預　金（－資産）　330（正しい仕訳）

　＊①，②とも（間違った仕訳）は参考のためで，実際には改めて記帳・入力しない。ただし，反対仕訳と正しい仕訳の同じ勘定科目を相殺して，1行の仕訳にすることもできる。

① 買　掛　金（－負債）　500　／　現　　　　金（－資産）　500
② 水道光熱費（＋費用）　330　／　通　信　費（－費用）　330

練習問題

次の訂正事項を1行で仕訳しなさい。

1）備品¥500を購入した際に小切手を振り出して支払っていたのに，未払金として処理していた。

2）所有する株式の配当金の領収証¥200を受け取った時に，受取利息として処理していた。

第3節　決算の手続き

企業は少なくとも年に1度（四半期決算，中間決算を行うこともある），自社の活動を締め切り，期間損益を明らかにしなければいけない。企業の期間損益を確定するために行う一連の手続きが決算である。決算によって，当期の経営成績である損益計算書，財政状態を表す貸借対照表，現金の流れを説明するキャッシュ・フロー計算書などの書類を作成し，株主や債権者を始めとする企業の利害関係者に報告を行う。

決算手続きの手順は，一般に，次の5つのステップで行われる。①全ての帳簿の見直しと試算表の作成，②決算整理事項の処理，③8桁精算表の作成，③帳簿の締切，④財務諸表（貸借対照表，損益計算書，キャッシュ・フロー計算書など）の作成である。

決算手続きは，一般的に翌年度の期首から1～2ヵ月間ほどかけて行われる。しかし，期間損益は期首から期末の1年間であるから，帳簿は決算日で締切って作業を進めていく。

決算手続きの試算表の作成は，本章1－4で学習済みであるため，次の決算整理事項の処理に進む。決算整理事項には①現金過不足，②当座借越，③売上原価，④貸倒引当金，⑤減価償却費，⑥貯蔵品，⑦経過勘定，⑧消費税，⑨法人税等，などがある。

3－1. 現金過不足の処理

　現金過不足の原因が決算時になっても判明しない場合，実際の現金残高が過剰であれば**雑益**（収益），不足していれば**雑損**（費用）に振り替える。この処理によって現金過不足勘定は消滅し，財務諸表に表示されることはない。

（例1）過剰：実際の現金残高＞帳簿残高

① 現金の帳簿残高 ¥500 に対して実際の現金残高が ¥750 であった。

② 上記の原因の一部は，売掛金 ¥200 を回収した際の記入漏れだった。

③ 残額は決算時になっても不明であったため適切に処理した。

	（借方）			（貸方）	
①	現　　　金（＋資産）	250	/	現金過不足	250
②	現金過不足	200	/	売　掛　金（－資産）	200
③	現金過不足	50	/	雑　　　益（＋収益）	50

（例2）不足：帳簿残高＞実際の現金残高

① 現金の帳簿残高 ¥500 に対して実際の現金残高が ¥320 であった。

② 上記の原因の一部は，家賃 ¥150 を支払った際の記入漏れだった。

③ 残額は決算時になっても不明であったため適切に処理した。

	（借方）			（貸方）	
①	現金過不足	180	/	現　　　金（－資産）	180
②	支 払 家 賃（＋費用）	150	/	現金過不足	150
③	雑　　　損（＋費用）	30	/	現金過不足	30

練習問題

　次の一連の取引を仕訳しなさい。

1）現金の帳簿残高は ¥700 だが，実際の残高は ¥450 であった。

2）上記の原因の一部は，買掛金 ¥200 を現金で支払った際の記入漏れであった。

3）残額は決算時になっても不明であったため適切に処理した。

3-2. 当座預金の残高と当座借越

決算時に当座預金勘定の残高がマイナスになっていた場合，同額を**当座借越**（負債）勘定に振り替える必要がある。その結果，当座預金勘定の残高はゼロとなる。

（例）決算時の当座預金勘定の残高は貸方に¥300であった。

（借方）　　　　　　　　　　　　（貸方）
当座預金（＋資産）　300　／　当座借越（＋負債）　300

練習問題

次の取引を仕訳しなさい。当座借越契約¥500がある。
1）決算時の当座預金勘定の残高は貸方に¥400であった。
2）決算時の当座預金勘定の残高は借方に¥600であった。

3-3. 売上原価の計算

商品売買について，期中では仕入勘定と売上勘定で処理している。そのため商品売買による売上総利益を求めるために，当期の売上に対応した売上原価が必要となる。もし，前期から引き継いだ商品がなく翌期に引き継ぐ商品もなければ，仕入高が売上原価となるが，それは現実的ではない。したがって，売上原価を求めるために，当期の仕入高に前期からの商品（期首商品）を加え，翌期に販売予定の商品（期末商品）を控除する。

売上原価＝当期仕入高＋期首商品棚卸高－期末商品棚卸高

（例）当期の純仕入高は¥5,000，期首商品棚卸高¥600，期末商品棚卸高¥400であった。

（借方）　　　　　　　　　　　　（貸方）
仕　　入（＋費用）　600　／　繰越商品（－資産）　600
繰越商品（＋資産）　400　／　仕　　入（－費用）　400

（＋）	仕入		（－）
（当期の仕入高）	5,000	繰越商品	400
繰越商品	600	損益	5,200
	5,600		5,600

　1行目は前期から引き継いだ商品を当期の仕入高にプラスする仕訳，2行目は当期に売れ残った商品を当期の仕入高からマイナスする仕訳である。売上原価は，仕入高（5,000）に期首商品（600）を足して期末商品（400）を引いた（5,200）となる。

　売上原価を求めるために売上原価勘定を使用する方法もある。

（借方）			（貸方）		
売上原価（＋費用）	600	/	繰越商品（－資産）	600	
売上原価（＋費用）	5,000	/	仕　　入（－費用）	5,000	
繰越商品（＋資産）	400	/	売上原価（－資産）	400	

　1行目は前期から引き継いだ商品を売上原価にプラスする仕訳，2行目は当期の仕入高を売上原価にプラスする仕訳，3行目は売れ残った商品を売上原価からマイナスする仕訳である。当然ながら計算の結果は，売上原価（5,200）である。

（＋）		売上原価		（－）
繰　越　商　品	600	繰　越　商　品	400	
仕　　　　入	5,000	損　　　　益	5,200	
	5,600		5,600	

練習問題

　次の場合の売上原価を求める仕訳を示し，売上原価を求めなさい。

1 ）当期の純仕入高¥8,500，期首商品棚卸高¥550，期末商品棚卸高¥700であった（売上原価勘定を使用しない）。
2 ）当期の純仕入高¥4,300，期首商品棚卸高¥200，期末商品棚卸高¥350であった（売上原価勘定を使用する）。

3－4.　貸倒損失と貸倒引当金

（1）貸　倒　損　失

売掛金，受取手形や貸付金などの債権は，取引先の経営不振もしくは倒産な

どによって回収不能となることがある。これを**貸倒れ**といい，**貸倒損失**（費用）勘定の増加として処理する。

（例）① 取引先が倒産し，当期に計上した売掛金¥120 が回収不能となった。

（借方）　　　　　　　　　　（貸方）
① 貸 倒 損 失（＋費用）　120　／　売 掛 金（－資産）　120

(2) 貸 倒 引 当 金

期末における債権（売掛金・受取手形・貸付金など）の残高には，次年度以降に貸倒れになる可能性があるものも含まれている。貸倒れの原因となる売上（収益）が当期に属し，貸倒れが次年度以降の貸倒損失（費用）となると，収益と費用を計上する会計期間にズレが生じ，適正な期間損益計算に影響を与えてしまう。例えば，Ⅰ期の売上による売掛金の貸倒れがⅡ期に発生した場合，この貸倒れによる損失は，Ⅱ期には原因がないのにⅡ期に計上されて利益を減少させてしまう。完全ではないが，このズレを解消するためにⅠ期のうちに貸倒引当金を計上することが適正な期間損益にとって有効である。

そこで，期末の債権残高に対する次年度の貸倒れの予想額を見積り，その金額を**貸倒引当金繰入**（費用）勘定として当期の費用とする。それと同時に**貸倒引当金**（資産の控除項目）勘定を増加させる。この時点では，実際に貸倒れが発生したわけではないため，債権自体の減額は行わない。

(3) 貸倒引当金の設定方法

次に，貸倒引当金の設定方法についてみる。貸倒引当金の計算方法には「**差額補充法**」と「**洗替法**」の2つがある。洗替法は，前年度に算出された貸倒引当金が残っていた場合に，残額をリセットして新たに計算する手法であるが，ここでは差額補充法を説明する。差額補充法は，その名称の通り，必要額に対する不足分を補充する方法である。

まず必要な引当金の額を計算し，前年度に計上した残高と比較する。残高が必要な額に不足している場合は，その不足額を**貸倒引当金繰入**（費用）として計上し，同時に貸倒引当金を増加させる。引当金の残高が必要額より大きい場合は，超える金額を**貸倒引当金戻入**（収益）として計上し，同時に貸倒引当金

を減額する。

　　(例) ① 期末にあたり貸倒引当金を差額補充法により設定する。期末の売上債権の

　　　　　残高¥40,000 に対して3% とする。貸倒引当金の残高は¥700 である。

　　　　② 上記① の条件で貸倒引当金の残高が¥1,500 だった場合。

　　　　　必要な貸倒引当金設定額：¥40,000 × 0.03＝¥1,200

　(借方)　　　　　　　　　　　　　　　(貸方)

① 貸倒引当金繰入（＋費用）　　500 ／ 貸 倒 引 当 金（＋▲資産）　　500
　＊必要な貸倒引当金¥1,200から残高¥700を引いた¥500を補充する。

　(借方)　　　　　　　　　　　　　　　(貸方)

② 貸 倒 引 当 金（－▲資産）　300 ／ 貸倒引当金戻入（＋収益）　　300
　＊必要な貸倒引当金¥1,200より残高¥1,500が大きいので¥300減額する。

(4) 貸倒れの処理

　翌年に対象となる債権に貸倒れが発生した時は，その債権と貸倒引当金の両方が減少する。貸倒れ金額が貸倒引当金の残高を上回る場合は，その超過額の分だけ貸倒損失を計上する。なお，(1) で説明した例のように当期に計上した売掛金や受取手形などの債権が当期中に貸倒れた場合には，会計期間のズレが生じない。そのため，貸倒引当金の有無によらず貸倒損失で処理する。

　　(例) ① 前期に計上した売掛金¥200 が回収不能となった。貸倒引当金の残高は

　　　　　¥150 である。

　　　　② 当期に計上した貸付金¥300 が回収不能となった。貸倒引当金の残高は

　　　　　¥500 である。

　(借方)　　　　　　　　　　　　　　　(貸方)

① 貸倒引当金（－▲資産）　　150 ／ 売 掛 金（－資産）　200
　貸 倒 損 失（＋費用）　　　 50 ／
② 貸 倒 損 失（＋費用）　　 300 ／ 貸 付 金（－資産）　300

(5) 償却債権取立益

　過年度に貸倒れとして処理した債権のうち，当期になって，その一部または全部が回収できることがある。その場合，回収額を**償却債権取立益**（収益）勘

定の増加として処理する。ただし，当期に貸倒れとして処理した債権を回収した場合には，償却債権取立益勘定は使用せず，回収できた額だけ貸倒損失を減少させる。貸倒引当金を減少させていた場合は，その額を戻す。

　（例）① 過年度に貸倒れとして処理した貸付金¥330 を現金で回収した。

　　　　② 先月（当期）に貸倒れとして処理した売掛金の一部¥150 を現金で回収した。貸倒引当金¥100 と残額は貸倒損失として処理していた。

　（借方）　　　　　　　　　　　　（貸方）
① 現　　　　　金（＋資産）330 ／ 償却債権取立益　（＋収益）　330
② 現　　　　　金（＋資産）150 ／ 貸 倒 引 当 金（＋▲資産）100
　　　　　　　　　　　　　　　 ／ 貸 倒 損 失　（－費用）　 50

(6) 引 当 金 と は

　会計実務および会計基準作成の指針とされる企業会計原則に次のような記述がある。「①将来の特定の費用または損失であって，②その発生が当期以前の事象に起因し，③発生の可能性が高く，④その金額を合理的に見積もることができる場合には，当期の負担に属する金額を当期の費用又は損失として引当金に繰入れ，当該引当金の残高を貸借対照表の負債の部又は資産の部に記載するものとする」(注解18)。企業会計原則には「**費用収益対応の原則**」があり，引当金は**適正な期間損益計算**のために必要と考えられる。

　引当金には**評価性引当金**と**負債性引当金**の2種がある。前者は，関係する資産の金額を控除するもので，貸倒引当金が代表例である。後者は，その名称のとおり負債として計上されるもので，製品保証引当金，修繕引当金，退職給与引当金などが該当する。

練習問題
　次の一連の取引を仕訳しなさい。
1 ）期末にあたり貸倒引当金を差額補充法により設定する。期末の売掛金の
　　残高¥35,000と貸付金¥20,000に対して4％とする。貸倒引当金の残高は
　　¥3,000である。
2 ）上記1 ）で貸倒引当金の残高が¥1,500だった場合。

3）得意先が倒産し，前期に計上した売掛金¥400が回収不能となった。貸倒引当金の残高は¥500である。

4）上記3）で貸倒引当金の残高が¥250だった場合。

5）前期に貸倒れとして処理した売掛金の一部¥320を現金で回収した。

6）売掛金の一部¥120に貸倒れが発生し貸倒引当金で処理していたが，当期の内に¥80を現金で回収できた。

7）前期に受け取った手形（額面¥500）が不渡りとなり，直ちに償還請求を行った。なお，この手続に¥50の費用が発生している。

8）上記7）のうち，¥300を現金で回収できたが，残額は償却した。貸倒引当金の残高は¥150である。

9）当期に計上した売掛金¥200が回収不能となった。貸倒引当金の残高は¥350である。

3－5.　固定資産と減価償却

(1) 資 産 の 分 類

企業は様々な資産を所有している。イメージしやすいものは，現金，土地や建物であろう。しかし，まだ販売されていない商品（棚卸資産）や，形をもたない特許権や著作権も資産に分類される。将来の収益を獲得するために役立つ経済的価値をもつものが資産である。

資産は特質に合わせて**流動資産**，**固定資産**および**繰延資産**の3つに区分される。繰延資産については，第3章で学習する。流動資産と固定資産を分類する基準には，**正常営業循環基準**と**1年基準**がある。正常営業循環基準とは，主たる営業循環過程のなかで発生する資産を流動資産に区分するルールである。なお，このルールによって負債も流動負債と固定負債に区分される。

【正常営業循環プロセス】

仕入 ➡ 代金（仕入債務）の支払い ➡ 売上 ➡ 代金（売上債権）の回収 ➡ 仕入

仕入債務：買掛金，支払手形，電子記録債務など
売上債権：売掛金，受取手形，電子記録債権など

1年基準とは，決算日の翌日から1年以内に現金化される資産を流動資産とする基準である。具体的な流動資産は，現金及び預金，受取手形，売掛金，商品や製品，1年以内に返済日が到来する短期貸付金などである。なお，1年基準に従うと，1年以内に満期となる定期預金は流動資産であり，満期日が1年以上先のものは固定資産となる。

固定資産は，① **有形固定資産**，② **無形固定資産**，③ **投資その他の資産**，の3つに分類される。土地，建物および備品などは① に，特許権，商標権および著作権などは② に，定期預金（満期日が1年以上先），関連会社の株式や満期保有目的の債券（投資有価証券）などは③ に該当する。ここでは有形固定資産の購入と購入後の処理を学習する。

(2) 固定資産の購入

企業は資金を投じて土地，建物，備品，営業車や機械装置などを獲得し，営業活動に使用して利益を拡大すべく努力する。これらは，1年を超えて長期間にわたり使用していく資産であり，固定資産に分類される。

固定資産の購入時には，本体価格の他に設置の手数料や試運転のコスト等が発生することがあるが，それらの費用も本体価格に含めて計上する。また，固定資産の購入代金を後払いとした際は，固定資産の増加と同時に未払金勘定（負債）を計上する。未払金は対価を後から支払う点で，買掛金と性格が似ている。しかし，買掛金は商品仕入時に使用する勘定科目であり，仕入以外の一時的な取引では未払金を使用する。

（例）応接セット（備品）¥300を購入した。設置費用¥20を含めた代金は翌月に支払う予定である。

＊備品は取得価格が10万円以上のものを指すが，本章では金額を小さくしている。

　　（借方）　　　　　　　　　　（貸方）
　　備　　　品（＋資産）　320　／　未　払　金（＋負債）　320

(3) 減価償却とは

固定資産は，将来の収益獲得のために長期にわたって使用することを念頭に獲得された資産である。固定資産の価値は使用に従って，また時間が経過する

ことで減少していく。例えば，通常中古車の価格は新車よりも低い。これは価値の低下が価格に織り込まれているためである。

簿記では，使用と時の経過による固定資産の価値の下落分を，各年度に配分して費用として計上する。長期にわたって収益獲得のために使用されるにもかかわらず，取得した年に購入価格の全額を費用として計上すると，購入した年度の費用が過大となってしまう。また収益との対応関係も崩れてしまう。これは適正ではない。

そこで適正な期間損益計算のために，**減価償却**の手続きが取られる。決算時に，固定資産を使用に応じて費用化し，**減価償却費**（費用）勘定で処理する。ただし，土地は固定資産であるが使用によって価値が減少しないという考え方から，減価償却の対象から除かれる。

（4）減価償却の要素

減価償却費の計算には，取得原価，耐用年数，残存価額の3つの要素を使用する。取得原価は，諸費用を含めた購入時の価格である。

耐用年数は当該固定資産の製造者が決めるべきと考えられるが，実際には法定耐用年数が使用される。法定耐用年数は，種類，構造，用途に応じて定められており，国税庁のWebページで確認できる。例えば，パソコンは4年，一般自動車は6年，鉄筋コンクリートの建物（事務所用）は50年などである。法定耐用年数を考慮せずに減価償却費を計上すると，税法では費用と認められず法人税額の計算に影響することがある。

残存価額は，耐用年数が到来した時に残っている価値であり，処分価額と考えられる。以前は，税法の規定で取得原価の10％を残存価額とすることが定められていたが，2007年4月1日以降に取得した固定資産は備忘記録として1円を残して減価償却費を計上することが認められた。減価償却費が大きくなると利益は小さくなるが，法人税の対象となる課税所得も小さくなる。減価償却費は現金の支出を必要としないため，一般的に最大限計上することが経営上有利だと考えられる。

（5）定額法による減価償却

減価償却の方法には，**定額法**，**定率法**および**生産高比例法**などがある。ここでは定額法と定率法を扱う。

定額法は，毎年同じ額ずつ固定資産の価値が減少していくと仮定して，減価償却費を計上する手法である。長期に渡って安定的に使用できる資産に適して，おり，建物については定額法が適用される。

定額法では，取得原価を耐用年数で割った値が毎年の減価償却費となる。残存価額が1円の場合，その処理は最終年度に行い，それまでは考慮しない。残存価額に10％が設定されている場合には，取得原価から先に控除しておく。

> 残存価額なし（1円）
> 　　減価償却費＝取得原価÷耐用年数
> 残存価額10％
> 　　減価償却費＝（取得原価－残存価額）÷耐用年数
> 　　もしくは
> 　　減価償却費＝取得原価×0.9÷耐用年数

機械装置を購入して耐用年数まで使用した場合について説明する。条件は（取得原価¥2,400,000：取得日：01年1月1日，耐用年数：6年，残存価額：10％，償却方法：定額法，会計期間：1月1日から12月31日）である。

残存価額は¥240,000（2,400,000×10％）であるため，耐用年数が到来するまでに下落する価値すなわち減価償却費の総額は¥2,160,000となる。これを6年間で償却するので，1年あたりの減価償却費は¥360,000となる。期末ごとに¥360,000の減価償却費が計上され，6年目の期末の償却後に残存価額の¥240,000が残る。

減価償却費と耐用年数

　決算時に行われる減価償却費の処理方法には**直接法**と**間接法**がある。直接法は，減価償却費として計上された額と同じ金額だけ，対象となる資産の帳簿価額を直接減少させる方法である。間接法は，対象となる資産の価値の減少分を**減価償却累計額**（資産の控除科目）という勘定科目によって示す方法である。間接法では，対象となる資産の帳簿価額が維持され減価償却累計額が表示されるため，実務では間接法を使用することが一般的である。図表で示したケースを直接法と間接法で処理すると次のようになる。

（直接法）
減 価 償 却 費（＋費用）　240,000　/　機 械 装 置（－資産）　240,000
（間接法）
減 価 償 却 費（＋費用）　240,000　/　減価償却累計額（＋▲資産）　240,000

(6) 定率法による減価償却

　定率法とは，対象となる固定資産の帳簿価額に一定の償却率を乗じて減価償却費を計算する方法である。償却率は一定であるが，固定資産の簿価は購入時が最大であるため，初年度に最も大きく減価償却費を計上することになる。帳簿価額が減るにつれて減価償却費も小さくなる。間接法の場合は，取得原価から減価償却累計額を控除した額を帳簿価額とする。

　本来どちらを選択するかは経営者の判断によるものであるが，実際には税法の規定が影響する。例えば，税法では建物を定率法で処理することを認めてお

らず，法人税額の算定上それに従わないという選択肢は考えられない。使用による価値の下落が建物より速いと想定される機械装置，パソコン（備品）や車両などは，定率法の選択が可能である。

> （直接法）減価償却費＝帳簿価額×償却率
> （間接法）減価償却費＝（取得原価－減価償却累計額）×償却率

　定率法における償却率は，原則として初年度に定額法の倍の償却額となる値である。例えば，取得原価：¥500,000，耐用年数：5年の固定資産を定額法で償却すると，毎期の減価償却費は¥100,000である。定率法を使用すると，その倍の¥200,000となる。定額法による償却額が取得原価の5分の1（1/5：0.2：20％）であることから，定率法の償却率はそれを倍にして5分の2（2/5：0.4：40％）と算出できる。なお，定率法では残存価額の有無を考慮しない。

　先の機械装置のケースを用いて，定率法による減価償却費を計算すると以下のようになる。償却率は6分の2（1/3：0.33：33％），間接法で処理する。

```
01年度：2,400,000  ×  33%  =  792,000
        （取得原価）            （減価償却費）
02年度：1,608,000  ×  33%  =  530,640
     取得原価－減価償却累計額（792,000）= 1,608,000
03年度：1,077,360  ×  33%  =  355,529
     取得原価－減価償却累計額（792,000 + 530,640）= 1,077,360
```

練習問題
　次の一連の取引を仕訳しなさい。
1）当期首に購入した機械について決算のため，定額法で減価償却する。取得原価¥400,000，法定耐用年数8年，残存価額は取得価額の10％である。仕訳は直接法による。
2）当期7月1日（決算日は12月末）に購入した事業用のトラックについて決算のため，定額法で減価償却する。取得原価¥2,000,000，法定耐用年数5年，残存価額はゼロである。仕訳は間接法による。

　3）当期首に購入した備品について決算のため定率法で減価償却する。取得
　　　原価¥300,000，償却率20％である。仕訳は直接法による。
　4）前期首に¥1,500,000で購入した車両について，決算のため定率法で2回
　　　目の減価償却を行う。償却率は30％，仕訳は間接法による。

（7）期中に購入した固定資産の減価償却

　固定資産を期中に購入した場合，決算時に計上される減価償却費はその使用
期間に応じて月割りで計算する。原則として日割り計算はせず，端数は切り上
げる（1ヵ月と3日であれば2ヵ月とする）。例えば，10月10日に営業用の自動車
¥600,000（定額法，耐用年数5年，残存価額ゼロ）を購入し，12月31日に決算日
を迎えた場合の減価償却費は，以下のように計算される。

$$600,000（取得原価）÷ 5（耐用年数）× \frac{3ヵ月}{12ヵ月} = 30,000（減価償却費）$$

（借方）　　　　　　　　　　　　　（貸方）
減 価 償 却 費（＋費用）　30,000　／　減価償却累計額（＋▲資産）　30,000

（8）固定資産の売却

　固定資産は売却による利益を目的とする資産ではないが，不要になったり買
い替えなどの理由で売却することがある。固定資産を売却した時に，帳簿価額
より高い金額であれば**固定資産売却益**（利益），低い金額であれば**固定資産売
却損**（費用）が発生する。固定資産の処分によって，該当する減価償却累計額
も消滅する。
　（例）① 期首に取得原価¥1,000,000，減価償却累計額¥600,000 の建物を¥420,000
　　　　　で売却し，代金は現金で受け取った（耐用年数20 年，定額法，残存価額
　　　　　なし）。
　　　　② 期首に取得原価¥150,000，減価償却累計額¥100,000 の機械装置を¥30,000
　　　　　で売却し，代金は翌月に受け取ることとした。
　　　　③ 上記①の建物を期首（1月1日）ではなく，6月20日に同額で売却した場合。

① 現　　　　　金（＋資　産）420,000　／　建　　　　　物（－資産）1,000,000
　減価償却累計額（－▲資産）600,000　／　固定資産売却益（＋収益）　20,000
② 未　　収　　金（＋資　産）　30,000　／　機　械　装　置（－資産）150,000
　減価償却累計額（－▲資産）100,000　／
　固定資産売却損（＋費　用）　20,000　／
③ 現　　　　　金（＋資　産）420,000　／　建　　　　　物（－資産）1,000,000
　減価償却累計額（－▲資産）600,000　／　固定資産売却益（＋収益）　45,000
　減　価　償　却　費（＋費　用）＊25,000　／
＊取得原価を耐用年数で除することで年間の減価償却費を求め，その6ヶ月分。

（9）資本的支出と収益的支出

　固定資産を使用している間に，必要に応じて改修工事やメンテナンス費用が発生することがある。例えば建物を想定した場合，①増築やエレベーターの設置，②修理やメンテナンス費用などが考えられる。①は建物の価値が増加するもので**資本的支出**（資産の増加），②は現状維持のためのコストで**収益的支出**（費用の増加）として処理する。資本的支出となる場合の勘定科目は対象となる固定資産，収益的支出となる場合の勘定科目は**修繕費**（費用）である。

　（例）① 所有する建物を増築し，代金￥500は小切手を振り出して支払った。

　　　　② 営業車が故障し修理が必要となった。代金は￥250は翌月支払う。

（借方）　　　　　　　　　　　（貸方）
建　　　　物（＋資産）500　／　当座預金（－資産）500
修　繕　費（＋費用）250　／　未　払　金（＋負債）250

練習問題
　次の取引を仕訳しなさい。
　1）当期7月1日（決算日は12月末）に購入した営業用の自動車について決算のため，定額法で減価償却する。取得原価￥2,000,000，法定耐用年数5年，残存価額はゼロである。仕訳は間接法による。
　2）不要になった備品を￥75,000で売却し，代金を現金で受け取った。この備品は昨年度の期首に￥140,000で購入した。耐用年数は7年，残存価額はゼロ，定額法で処理しており，今期も9ヵ月間使用した。

　3）機械装置の性能を向上させるために部品を追加した。費用の¥1,500,000
　　は小切手を振り出して支払った。

　4）建物の壁が傷んでいたため修繕した。費用の¥250,000は翌月支払う。

3－6. 貯蔵品への振り替えと消耗品費

　郵便切手の購入時には**通信費**（費用），収入印紙の購入時には**租税公課**（費用）として処理することが一般的である。しかし，これらは換金性が高く，未使用分があれば決算時に**貯蔵品**（資産）勘定に振り替えて適切に管理しなければならない。なお翌期首に元の費用勘定に振り戻す。

　事務用品や文房具などの購入時は，一般的に**消耗品費**（費用）勘定で処理する。そして決算時に未使用であっても，少額である場合には追加の処理は不要であるが，貯蔵品もしくは消耗品（資産）勘定に振り替えることがある。

　（例）① 期末に未使用の郵便切手 ¥800 について適切な勘定に振り替えた。

　　　　② 新年度が始まり，上記 ① について再振替（振り戻し）の処理をした。

　　　　（借方）　　　　　　　　　　　（貸方）
　　　　① 貯　蔵　品（＋資産）　800　/　通　信　費（－費用）　800
　　　　② 通　信　費（＋費用）　800　/　貯　蔵　品（－資産）　800

練習問題

　次の取引を仕訳しなさい。

　1）期末に未使用の切手¥500と収入印紙¥1,500を適切な勘定に振り替えた。

　2）新年度が始まり上記1）について再振替（振り戻し）の処理をした。

　3）消耗品費として購入した事務用品のうち¥30が未使用であるが，少額と判断した。

3－7. 経　過　勘　定

　店舗の家賃（支払家賃：費用）を1年分先払いしたり，貸付金の利息（受取利息：収益）を返済時にまとめて受け取る場合など，サービス（役務）の提供とその代価となる金銭の支払いの時期にズレが生じることがある。このズレは会

計期間を超えると適正な期間損益計算の実現に支障が出る。そのため、これらの収益や費用を、決算時に**経過勘定**を使用して適切に処理する。経過勘定は①**前払費用**（資産），②**前受収益**（負債），③**未払費用**（負債），④**未収収益**（資産）である。

（1）前払費用（資産）

会計年度を超えて次期までサービスを得る目的で、先に代金を支払った時には、次年度の相当額を**前払費用**（資産）として計上する。これは後でサービスを受ける権利であるため資産となる。具体的には、当期に支払った**支払利息**（費用），**支払家賃**（費用），**保険料**（費用）などが対象となる。当期に支払ったこれらの費用のうち、次期（来年度）分の費用勘定を減額し、同額を**前払利息**（資産），**前払家賃**（資産），**前払保険料**（資産）として計上する。

（例）茨木商事はx1年5月1日，向こう1年分の火災保険料 ¥12,000 を現金で支払った。その後，決算につき当該費用の繰延処理を行った。会計期間は1月1日から12月31日である。

```
         (借方)                    (貸方)
 5/ 1  保 険 料（＋費用）12,000  /  現      金（－資産）12,000
12/31  前払保険料（＋資産） 4,000  /  保 険 料（－費用） 4,000
```

当期に属する保険料はx1年5月1日からx1年12月31日までの8ヵ月分である。残りの4ヶ月分のサービスは次期（x2年）分を先払いしたもので、翌年に受ける権利がある。その額を前払保険料として資産計上し、対応する費用は当期の保険料から減額する。

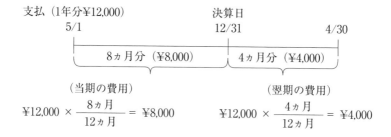

(2) 前受収益（負債）

当期だけでなく次期までの代金を先に受け取った場合，先に受け取った収益分は**前受収益**（負債）として計上される。前受収益は次期にサービスを提供する義務であるため負債となる。具体的には，当期に先に受け取った**受取利息**（収益），**受取家賃**（収益），**受取保険料**（収益）などが対象となる。次期（来年度）分の収益勘定を減額し，同額を**前受利息**（負債），**前受家賃**（負債），**前受保険料**（負債）として計上する。

（例）上新庄保険会社はx1年5月1日，茨木商事との火災保険契約により，向こう1年分の保険料 ¥12,000 を現金で受け取った。その後，決算日につき，当該収益の繰延処理を行った。会計期間は1月1日から12月31日である。保険会社では，保険業法により前受保険料は未経過保険料（責任準備金に含まれる）として処理されるが，ここでは前受保険料とする。

	（借方）			（貸方）	
5/ 1	現　　　金（＋資産）	12,000	/	受取保険料（＋収益）	12,000
12/31	受取保険料（－収益）	4,000	/	前受保険料（＋負債）	4,000

x1年5月1日に茨木商事から向こう1年分の保険料である ¥12,000 を受け取っている。このうち当期に属する収益はx1年5月1日から12月31日までの8ヶ月分である。よって4ヶ月分の保険料は次期（x2年）に受け取るべき収益であり，当期の収益ではない。また，先に受け取っている4ヶ月分はx2年にサービスを提供する義務が生じている。よって，次期分を当期の収益から減額し，同額を前受保険料として計上する。

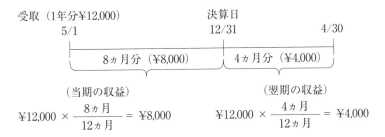

(3) 未払費用（負債）

当期に支払うべき費用のうち，まだ支払っていない金額は**未払費用**（負債）として計上する。これを費用の見越しと呼ぶ。未払費用は提供されたサービスに対応する金銭を支払う義務であるため負債となる。具体的には，当期に計上するはずの**支払利息**（費用），**支払家賃**（費用），**支払地代**（費用）などが対象となる。それらについて当期の未払い金額を，**未払利息**（負債），**未払家賃**（負債），**未払地代**（負債）として計上し，対応する費用勘定を増額する。

（例）茨木商事は月額¥500で大経不動産と店舗の賃貸契約を結んでいる。家賃は2ヵ月分をまとめて翌月10日までに支払う。x1年12月31日に11月と12月分の家賃を支払わないまま決算を迎えたため，未払い分の家賃について見越し処理を行った。会計期間は1月1日から12月31日である。

	（借方）			（貸方）	
12/31	支 払 家 賃（＋費用）	1,000	/	未 払 家 賃（＋負債）	1,000

11月と12月の2ヵ月分の家賃はx2年1月10日に支払うため，決算日のx1年12月31日時点では未払いである。しかし2ヵ月分の家賃は当期に属する費用であるため，当期の費用に加え，同時に当該金額を**未払家賃**（負債）として処理する。

＊未払いの2ヶ月分の家賃を当期の費用として計上する。

(4) 未収収益（資産）

当期に受け取るべき収益のうち，まだ受け取っていない金額は**未収収益**（資産）として計上する。収益の見越しである。未収収益は，当期に提供済みの

サービスに対する金額であり，提供したサービスに対応する金銭を受け取る権利であるため資産となる。具体的には，当期に計上するはずの**受取利息**（収益），**受取家賃**（収益），**受取地代**（収益）などが対象となる。それらに未収の金額がある場合，**未収利息**（資産），**未収家賃**（資産），**未収地代**（資産）などを計上し，対応する収益勘定を増額する。

　（例）大経不動産は当期首より月額￥500で茨木商事に店舗用に建物を貸しており，家賃は 2 ヵ月分をまとめて翌月 10 日までに受け取る契約である。11 月と 12 月分の家賃を受け取る前に決算となったため，未収分の家賃について見越し処理を行った。会計期間は 1 月 1 日から 12 月 31 日である。

　12/31　未 収 家 賃（＋資産）　1,000　／　受 取 家 賃（＋収益）　1,000

　実際には 11 月と 12 月分の家賃（￥1,000：2 ヵ月分）を受け取っていないが，この間も物件を提供した事実があり，対価を得る権利が発生している。このような場合，未収分を未収家賃として資産計上し，受取家賃勘定にも同額を増加させる。

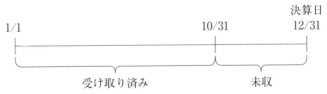

＊未収の 2 ヶ月分の家賃を当期の収益として計上する。

（5）再 振 替 仕 訳

　決算手続きで経過勘定を使用した場合は，翌期首に再振替が必要となる。この再振替を忘れてしまうと適正な期間損益計算が再び崩れてしまう。

　（1）の例題の前払保険料と保険料の関係を用いて，考えてみよう。x2 年 1 月 1 日には再振替仕訳を行い，x1 年に前払した保険料￥4,000 を当期（x2 年）の費

用として計上し，前払保険料を¥4,000減額する。

　保険契約を同じ条件で更新した場合には，x2年5月1日に再度，1年分の保険料の¥12,000を支払う。

　その結果，当期（x2年）の保険料の合計は¥16,000となる。しかし，¥4,000はx3年の保険料に相当するので決算時に当期の費用から差し引かれ，最終的には¥12,000が当期（x2年）の保険料となる。もし1月1日の再振替仕訳を忘れてしまうと，当期（x2年）の保険料は¥8,000となり，契約額（¥12,000：1年）と矛盾することになる。(2) の前受保険料は貸借が逆であるが，同様に考えることができる。

　　　（前払費用）
(x1年)　12/31　前払保険料（＋資産）　4,000　/　保　険　料（－費用）　4,000
(x2年)　 1/ 1　保　険　料（＋費用）　4,000　/　前払保険料（－資産）　4,000
　　　　 5/ 1　保　険　料（＋費用）12,000　/　現　　　金（－資産）12,000
　　　 12/31　前払保険料（＋資産）　4,000　/　保　険　料（－費用）　4,000

（＋）	保険料		（－）	
1/ 1　前払保険料	4,000	12/31　前払保険料	4,000
5/ 1　現　　金	12,000	12/31　損　　益	12,000
	16,000		16,000

　　　（前受収益）
(x1年)　12/31　受取保険料（－収益）　4,000　/　前受保険料（＋負債）　4,000
(x2年)　 1/ 1　前受保険料（－負債）　4,000　/　受取保険料（＋収益）　4,000
　　　　 5/ 1　現　　　金（＋資産）12,000　/　受取保険料（＋収益）12,000
　　　 12/31　前払保険料（－収益）　4,000　/　前受保険料（＋負債）　4,000

（－）	受取保険料		（＋）	
12/31　前払保険料	4,000	1/ 1　前払保険料	4,000
12/31　損　　益	12,000	5/ 1　現　　金	12,000
	16,000		16,000

　続いて（3）のケースから未払家賃と支払家賃の関係について考えてみよう。x2年1月1日に再振替仕訳を行うため，支払家賃勘定の貸方に¥1,000が記入され，残高がマイナスになる。支払家賃がマイナスになることに違和感があるかもしれないが，これは未払の家賃があることを示している。

　x2年1月10日に支払家賃¥1,000を計上する。これは未払であったx1年11月・12月分の家賃であり，1月1日の貸方残高と相殺されて当期の支払家賃勘定の残高がゼロとなる。その後，同じ条件で契約が更新された場合，1月から10月までの家賃¥5,000と決算整理で未払家賃として計上される11月と12月分の支払家賃¥1,000の合計¥6,000が年間の支払家賃となる。

　もし1月1日の再振替仕訳がなければ年間の支払家賃額は¥7,000となり，12ヶ月分の家賃（月に¥500：年間で¥6,000）と矛盾してしまう。（4）の未収家賃も貸借逆のケースを考えればよい。

（未払費用）
(x1年)　12/31　支払家賃（＋費用）1,000 ／ 未払家賃（＋負債）1,000
(x2年)　1/ 1　未払家賃（－負債）1,000 ／ 支払家賃（－費用）1,000
　　　　1/10　支払家賃（＋費用）1,000 ／ 未払家賃（＋負債）1,000
　　　　（10月までの家賃の支払い）
　　　　12/31　支払家賃（＋費用）1,000 ／ 未払家賃（＋負債）1,000

(＋)	支払家賃	(－)	
1/10 現金（昨年の未払分）1,000	1/ 1 未 払 家 賃 1,000		
現金（今年の10月分まで）5,000	12/31 損 益 6,000		
12/31 未 払 家 賃 1,000			
7,000	7,000		

（未収収益）
(x1年)　12/31　未収家賃（＋資産）1,000 ／ 受取家賃（＋収益）1,000
(x2年)　1/ 1　受取家賃（－収益）1,000 ／ 未収家賃（－資産）1,000
　　　　1/10　現 金（＋資産）1,000 ／ 受取家賃（＋収益）1,000
　　　　（10月までの家賃の受取り）
　　　　12/31　未収家賃（＋資産）1,000 ／ 受取家賃（＋収益）1,000

(−)					受取家賃			(＋)	
1/ 1	未	収	家	賃	1,000	1/10	現金（昨年の未収分）	1,000	
12/31	損			益	6,000		現金（今年の10月分まで）	5,000	
						12/31	未 収 家 賃	1,000	
					7,000			7,000	

このように，再振替仕訳は次期の損益への計上漏れや重複を防ぐために行われる。

練習問題

次の取引を仕訳しなさい。
1）10月1日に1年分の火災保険料￥600を支払った。
2）上記1）について決算整理を行う（決算日は12月末）。
3）12月1日に当月を含む半年分の家賃￥900を現金で受け取った。
4）上記3）について決算整理を行う（決算日は3月末）。
5）決算につき給料の未払い￥450を計上した。
6）決算につき未収の利息￥120を計上した。

3−8. 消費税の処理

消費税は，平成元年（1989）4月に導入された税金である。当初の税率は3％だったが，段階的に5％，8％，10％（食料品・新聞代などは8％を維持）へと引き上げられている。消費税は，商品や製品の価格やサービスへの対価に課される。ただし，消費税を実際に負担するのは消費者のみである。

例えば，小売業者は商品を仕入れる際に消費税を払っても，商品の販売時にその分を回収することができる。商品￥550（うち消費税￥50）を仕入れ，後にその商品を￥770（うち消費税￥70）で売上げた場合，実際に納税するのは販売時に預かった消費税￥70から仕入時に支払った￥50を差し引いた￥20のみである。この仕組みを仕入税額控除という。

記帳方法には，税込方式と税抜方式の2つの方法があるが，ここでは税抜方式を学習する。この方式は，商品の仕入価格や売上価格に消費税を含めず，**仮払消費税**（資産）もしくは**仮受消費税**（負債）勘定を用いる。消費税を支払っ

た時には仮払消費税が増加，受け取った時には仮受消費税が増加する。通常は仮受消費税のほうが大きくなり，決算時にその差額を計算し，**未払消費税**（負債）とする。その後，実際に納付した時に未払消費税は消滅する。もし仮受消費税のほうが少なかった場合は，後日に差額が還付される。決算時には**未収消費税**（資産）勘定で処理する。

(例) ① 商品¥500を仕入れ，消費税を含めた¥550を現金で支払った。

② 商品を¥800で販売し，消費税を含めた¥880を現金で受け取った。

③ 決算につき消費税の納付額を計算する。仮払の合計は¥4,500，仮受の合計は¥6,000だった。

④ 上記③で仮払の額が¥7,200だった場合

⑤ 上記③で計算した消費税額を普通預金口座から納付した。

　（借方）　　　　　　　　　　（貸方）
① 仕　　　　入（＋費用）　500 ／ 現　　　　金（－資産）　550
　 仮払消費税（＋資産）　50 ／
② 現　　　　金（＋資産）　880 ／ 売　　　　上（＋収益）　800
　　　　　　　　　　　　　　／ 仮受消費税（＋負債）　80
③ 仮受消費税（－負債）　6,000 ／ 仮払消費税（－資産）　4,500
　　　　　　　　　　　　　　／ 未払消費税（＋負債）　1,500
④ 仮受消費税（－負債）　6,000 ／ 仮払消費税（－資産）　7,200
　 未収消費税（＋資産）　1,200 ／
⑤ 未払消費税（－負債）　1,500 ／ 普通預金（－資産）　1,500

練習問題

　次の一連の取引を仕訳しなさい。消費税は税抜き方式による。

1）商品¥400を仕入れ，10%の消費税を加えて現金で支払った。

2）商品¥500を売上げ，10%の消費税を加えて掛けとした。

3）決算につき消費税の納付額を計算する。仮払の合計は¥3,200，仮受の合計は¥4,000だった。

4）上記3）で計算した消費税額を現金で納付した。

3−9. 法 人 税 等

収入を得た個人が所得税や住民税を納付するように，会社も様々な税を納めている。**法人税等**（法人税，法人住民税，法人事業税を含めた総称）の額は当期純利益をベースに計算されるが，会計上の利益と課税対象となる利益（税法では所得という）は，一致しないことがある。

会計上の利益は「**収益−費用＝当期純利益**」であるが，税法による所得は「**益金−損金＝所得**」の式で計算される。なお，上記の当期純利益の計算に**法人税等**（費用）は含まれていない。正確には上記の当期純利益は**税引前当期純利益**であり，その額に応じた法人税等が控除された後，最終利益である**税引後当期純利益**となる。

収益と益金，費用と損金の範囲に若干の差があるため，利益と所得の額は一致しない。税法の目的は適切に税収を得ることであるため，実際の現金支出をともなわない減価償却費，貸倒引当金繰入などを損金とするには条件がある。固定資産の償却では，法定耐用年数よりも早く償却して減価償却費を大きく計上しても，その額は損金とは認められない。貸倒引当金繰入は，資本金が1億円を超える場合は損金算入ができない。その他にも交際費（接待飲食費）が損金として認められる額には上限がある。法人税等に関連する規定は頻繁に改訂されるが，実効税率は約30％である。

法人税等の正式な額は決算を経て確定申告によって決定されるが，原則として期中に中間申告を行い半額程度を事前に納付する。中間申告時には**仮払法人税等**（資産）を増加させ，決算時に法人税額等（年額）と不足分を**未払法人税等**（負債）として計上する。その際，仮払法人税等は消滅する。その後，不足額を納付した時に未払法人税等も消滅する。

　（例）① 中間申告を行い，近年の実績から¥600を現金で納付した。

　　　　② 決算により法人税等の額が¥1,350と算出された。

　　　　③ 確定申告を行い，未払い分を現金で納付した。

（借方）　　　　　　　　　　　　　（貸方）
① 仮払法人税等（＋資産）　　600　／　現　　　　金（－資産）　　600
② 法 人 税 等（＋費用）1,350　／　仮払法人税等（－資産）　　600
　　　　　　　　　　　　　　　　　／　未 払 法 人 税（＋負債）　　750
③ 未 払 法 人 税（－負債）　750　／　現　　　　金（－資産）　　750

練習問題
　次の一連の取引を仕訳しなさい。
1 ）収入印紙￥500と切手￥650を現金で購入した。
2 ）法人税等の中間申告を行った。昨年の実績から￥700を現金で納付した。
3 ）決算により，法人税等の額を￥1,320と計算した。
4 ）決算時に収入印紙の未使用分が￥300，切手の未使用分￥500があり，適
　　切に処理した。
5 ）確定申告を行い，上記 3 ）での未払い分を現金で納付した。

3 - 10.　精 算 表 の 作 成

　試算表によって各勘定科目の残高を確認し，決算整理事項の処理ができる
と，次は精算表を作成する。精算表によって仕訳や転記のミスを発見したり，
利益を概算することができる。ただし，本章 1 - 4 （ 1 ）試算表で学習したよう
に，精算表でも全てのミスを発見できるわけではない。ここでは決算整理事項
を含めた 8 桁精算表を作成する。まず実際の精算表を示してから作成方法を説
明する。

精　算　表

勘 定 科 目	残高試算表		修正記入		損益計算書		貸借対照表	
	借方	貸方	借方	貸方	借方	貸方	借方	貸方
現　　　　金	3,500						3,500	
普 通 預 金	5,000						5,000	
売 掛 金	4,000						4,000	
繰 越 商 品	200		350	200			350	
建　　　　物	1,800						1,800	
買 掛 金		980						980
支 払 手 形		2,000						2,000
借 入 金		2,600						2,600
貸 倒 引 当 金		50		110				160
減価償却累計額		600		60				660
資 本 金		4,500						4,500
繰越利益剰余金		2,000						2,000
売　　　　上		13,000				13,000		
受 取 家 賃		2,300	300			2,000		
仕　　　　入	7,230		200	350	7,080			
給　　　　料	2,600				2,600			
広 告 宣 伝 費	2,000				2,000			
租 税 公 課	900			400	500			
保 険 料	600			450	150			
支 払 利 息	200		100		300			
	28,030	28,030						
減 価 償 却 費			60		60			
貸倒引当金繰入			110		110			
貯 蔵 品			400				400	
前 払 保 険 料			450				450	
未 払 利 息				100				100
前 受 家 賃				300				300
当 期 純 利 益					2,200			2,200
			1,970	1,970	15,000	15,000	15,500	15,500

(決算整理事項)

会計期間は20x1年4月1日から20x2年3月31日である。

① 期首商品棚卸高は¥200，期末商品棚卸高は¥350だった。

② 建物の減価償却について。取得原価¥1,800，耐用年数30年，残存価額なし，定額法による。

③ 売掛金の残高に4%の貸倒引当金を設定する（差額補充法）。

④ 未使用の収入印紙¥400を適切な勘定に振り替える。

⑤ 保険料は当期の1月から1年間の契約で全額を支払っている。

⑥ 利息の未払分が¥100ある。

⑦ 受取家賃のうち¥600は当期の3月から2ヵ月分の家賃である。

（借方）　　　　　　　　　　　　　　（貸方）

① 仕　　　　　入（＋費用）　200 ／ 繰 越 商 品（－資産）　200

　 繰 越 商 品（＋資産）　350 ／ 仕　　　　　入（－費用）　350

　＊1行目で前期からの商品を当期の仕入にプラス，2行目で来期に引き継ぐ商品をマイナス。

② 減 価 償 却 費（＋費用）　 60 ／ 減価償却累計額（＋▲資産）　 60

　＊取得原価（1,800）÷耐用年数（30）＝60

③ 貸倒引当金繰入（＋費用）　110 ／ 貸 倒 引 当 金（＋▲資産）　110

　＊売掛金の残高（4,000）の4％は160だが，貸倒引当金の残高（50）の不足分を計上する。

④ 貯　蔵　品（＋資産）　400 ／ 租 税 公 課（－費用）　400

⑤ 前 払 保 険 料（＋資産）　450 ／ 保　　険　　料（－費用）　450

　＊月の保険料は50。当期の費用は1月から3月の3ヵ月分なので9ヵ月分は来期の費用。

⑥ 支 払 利 息（＋費用）　100 ／ 未 払 利 息（＋負債）　100

⑦ 受 取 家 賃（－収益）　300 ／ 前 受 家 賃（＋負債）　300

　＊600で2ヵ月分なので1ヵ月分は300。4月分の家賃は来期の収益。

精算表を作成する手続きは，次の通りである。

① 残高試算表欄の借方もしくは貸方に，総勘定元帳の残高を転記していく。借方と貸方の合計額が一致していることを確認する。

② 決算整理仕訳を行い，その結果を修正記入欄に記入する。ここでも借方と貸方の合計額は一致する。一致しない場合は，決算整理事項の処理に間違いがある，もしくは合計時に計算ミスがあるので確認する。

③ 残高試算表欄の各勘定科目の金額に②で行った決算整理仕訳の金額をプラスあるいはマイナスして，資産・負債・純資産の勘定科目は貸借対照表（B/S）に，収益と費用の勘定科目は損益計算書（P/L）に金額を転記する。

（転記のルール）

・精算表の勘定科目は，資産，負債，純資産（この3つはB/Sに転記），収益，費用（この2つはP/Lに転記）に並んでいる。ただし，残高試算表の合計より下の行は決算整理事項によって順不同で追加される。

・最初は必ず資産の勘定科目から始まり，買掛金（負債），資本金（純資産），

売上（収益），仕入（費用）などが分類の目印になることが多い。

・残高試算表の借方に数値がある場合は，B/SもしくはP/Lの借方に転記され，残高試算表の貸方に数値がある場合は，B/SもしくはP/Lの貸方に転記される。

・修正記入欄に数値がある時は，数値を調整してから転記する。残高試算表の数値と同じ側（借方と借方）もしくは（貸方と貸方）であれば，残高試算表の数値にプラスしてから転記，反対側であれば残高試算表の数値にマイナスしてから転記する。

・修正記入に数値があっても，残高試算表からB/S，P/Lに転記する際に借方と貸方が逆になることはない。

・決算整理事項によって追加した勘定科目は，修正記入欄の値が転記されるが，B/SとP/Lのどちらになるかは，その勘定科目の分類（資産，負債，純資産，収益，費用）を知っておく必要がある。

④ P/LとB/Sの借方と貸方の合計をそれぞれ計算する。この時点では合計は一致しない（当期純利益がゼロの場合を除いて）。そのため，精算表の枠内ではなく枠外に記入しておくのが望ましい。最終的にB/SおよびP/Lの合計は，それぞれの大きい値で一致するため，その値は枠内に書いてもよい。

⑤ B/Sの借方と貸方の差額，P/Lの借方と貸方の差額を計算する。この差額が**当期純利益**であり，上記③と④の作業にミスがなければ同じ値になる。もし，B/Sの合計が［**貸方（負債・純資産）＞借方（資産）**］，P/Lの合計が［**借方（費用）＞貸方（収益）**］の場合の差額は，**当期純損失**を示している。

⑥ B/SとP/Lの一番下の空欄に，それぞれの借方・貸方の合計で大きいほうの値を記入する。この時点では，どちらかの合計は実際の合計値とは異なっている。次に当期純利益もしくは当期純損失を精算表の下から2行目に合計を一致させるために記入する。これで精算表が完成する。

3-11. 帳簿の締切りと損益勘定および繰越利益剰余金

　精算表の作成後は帳簿の締切り作業となる。これには英米式決算法と大陸式決算法があるが，一般的に用いられている英米式決算法を学習する。帳簿の締切りは，①収益と費用の勘定科目の締切り，②損益勘定への振り替えと繰越利益剰余金の算出，③資産，負債，純資産勘定の締切り，の順に進めていく。

(1) 収益と費用の勘定科目の締切り

　収益と費用の勘定科目は，会計期間全体の借方と貸方の合計の差額を損益勘定に振り替えることで締め切る。3-10で作成した精算表を例に，いくつかの科目についてT勘定を示しながら説明する。

（収益の勘定科目）

(－)	売上		(＋)
3/31　損　　益	13,000	（決算前までの合計）	13,000

(－)	受取家賃		(＋)
3/31　前 受 家 賃	300	（決算前までの合計）	2,300
3/31　損　　益	2,000		
	2,300		2,300

（費用の勘定科目）

(＋)	仕入			(－)	
（決算前までの合計）	7,230	3/31　繰 越 商 品		350
3/31	200	3/31　損　　益		7,080
	7,430			7,430

(＋)	租税公課			(－)	
（決算前までの合計）	900	3/31　貯 蔵 品		400
		3/31　損　　益		500
	900			900

(2) 損益勘定への振り替えと繰越利益剰余金

損益勘定は決算時にのみ必要となる。決算整理後の収益と費用の勘定科目の残高を集めたもので，当期純利益が計算される（精算表の当期純利益は暫定的なもの）。さらにその利益を**繰越利益剰余金**（純資産）勘定に振り替えることによって，正式な財務諸表である損益計算書と貸借対照表を作成するための準備が整う。

振替仕訳は以下の通りであるが，収益と費用の勘定科目をリセットするために残高を損益勘定にまとめて来年度に再びゼロから始める，とイメージすればよい。そして収益と費用の差額を繰越利益剰余金に振り替える。

（収益の勘定科目をリセット ➡ 損益勘定へ振り替え）

| 3/31 | 売 　 　 上（－収益） | 13,000 | / | 損 　 　 　 益 | 15,000 |
| | 受 取 家 賃（－収益） | 2,000 | / | | |

（費用の勘定科目をリセット ➡ 損益勘定へ振り替え）

3/31	損 　 　 　 益	12,800	/	仕 　 　 入（－費用）	7,080
			/	給 　 　 料（－費用）	2,600
			/	広 告 宣 伝 費（－費用）	2,000
			/	租 税 公 課（－費用）	500
			/	保 　 険 　 料（－費用）	150
			/	支 払 利 息（－費用）	300
			/	減 価 償 却 費（－費用）	60
			/	貸倒引当金繰入（－費用）	110

（損益勘定をリセット ➡ 繰越利益余剰金へ振り替え）

| 3/31 | 損 　 　 　 益 | 2,200 | / | 繰越利益剰余金（＋純資産） | 2,200 |

（費用勘定の残高）	損益	（収益勘定の残高）	
3/31　仕　　　　　入	7,080	3/31　売　　　　　上	13,000
3/31　給　　　　　料	2,600	3/31　受　取　家　賃	2,000
3/31　広　告　宣　伝　費	2,000		
3/31　租　税　公　課	500		
3/31　保　　険　　料	150		
3/31　支　払　利　息	300		
3/31　減　価　償　却　費	60		
3/31　貸倒引当金繰入	110		
3/31　繰越利益剰余金	2,200		
	15,000		15,000

(3) 資産，負債，純資産勘定の締切り

　これらの勘定科目は，それぞれの総勘定元帳（T勘定）を締切って貸借対照表に記入する値を確定させる。具体的には，各勘定の次期繰越の値をB/Sに記入する。収益と費用の勘定科目を損益勘定に振り替えたように，各勘定科目の繰越高をまとめた繰越試算表を作成することがある。しかし，繰越試算表を通さずにB/Sの作成ができるため，ここでは省略する。

（資産の勘定科目）

(+)	現金		(−)	
（決算前までの合計）	3,500	3/31　次　期　繰　越	3,500	
	3,500		3,500	
4/ 1　前　期　繰　越	3,500			

(+)	貯蔵品		(−)	
3/31　租　税　公　課	400	3/31　次　期　繰　越	400	
4/ 1　前　期　繰　越	400			

（負債の勘定科目）

(−)	買掛金		(+)	
3/31　次　期　繰　越	980	（決算前までの合計）	980	
		4/ 1　前　期　繰　越	980	

(−)		未払利息		(+)
3/31	次 期 繰 越	100	3/31 支 払 利 息	100
			4/ 1 前 期 繰 越	100

（純資産の勘定科目）

(−)		資本金		(+)
3/31	次 期 繰 越	4,500	（決算前までの合計）	4,500
			4/ 1 前 期 繰 越	4,500

(−)		繰越利益剰余金		(+)
3/31	次 期 繰 越	4,200	（決算前までの合計）	2,000
			3/31 損　　益	2,200
		4,200		4,200
			4/ 1 前 期 繰 越	4,200

3−12. 財務諸表の作成

　総勘定元帳の締切りができれば，財務諸表を作成する準備はすべて整っている。貸借対照表と損益計算書の形式には勘定式と報告式があるが，ここでは勘定式で作成する。財務諸表上では，以下の勘定科目の名称が仕訳時と異なるため注意が必要である。

①売上（勘定科目）➡ 売上高（損益計算書）

②仕入（勘定科目）➡ 売上原価（損益計算書）

③繰越商品（勘定科目）➡ 商品（貸借対照表）

④経過勘定（個別の勘定科目）➡ 前払費用，未収収益，未払費用，前受収益
（すべて貸借対照表）

（1）損 益 計 算 書

　ここでは当期純利益を計上しているが，（費用＞収益）の場合には当期純損失となり，収益の欄に記載される。

損益計算書

20x1年4月1日から20x2年3月31日まで

費　用	金　額	収　益	金　額
売　上　原　価	7,080	売　　上　　高	13,000
給　　　　料	2,600	受　取　家　賃	2,000
広 告 宣 伝 費	2,000		
租　税　公　課	500		
保　　険　　料	150		
支　払　利　息	300		
減 価 償 却 費	60		
貸倒引当金繰入	110		
当 期 純 利 益	2,200		
	15,000		15,000

(2) 貸 借 対 照 表

　繰越利益剰余金の額が，精算表での貸借対照表の値と異なることに注意する。正式な貸借対照表の繰越利益剰余金は，決算前の値（精算表での貸借対照表）に当期純利益を加えた額になる。貸倒引当金および減価償却累計額の対象となる売上債権や固定資産は，取得原価からそれらを控除した額を記載する。

貸借対照表

20x2年3月31日

資　産	金　額		負債・純資産	金　額
現　　　　　金		3,500	買　　掛　　金	980
普　通　預　金		5,000	支　払　手　形	2,000
売　　掛　　金	4,000		借　　入　　金	2,600
貸 倒 引 当 金	△160	3,840	未　払　費　用	100
商　　　　品		350	前　受　収　益	300
貯　蔵　品		400	資　　本　　金	4,500
前　払　費　用		450	繰越利益余剰金	4,200
建　　　　物	1,800			
減価償却累計額	△660	1,140		
		14,680		14,680

第4節 帳 簿 と 伝 票

ITの進展により会計帳簿の作成もかなりの部分が自動化されている。しかしながら帳簿を見て状況を把握したり，何らかのミスに気付くために一定の知識が必要であることに変わりはない。また，実務での取引は練習問題のように文章で与えられるのではなく，**証憑**（しょうひょう）（納品書，請求書，振込依頼書，領収書もしくは領収証，小切手，手形など）から処理したり，仕訳の代わりに**伝票**を利用することも多い。そのため，ここでは主要簿である仕訳帳と総勘定元帳，各種の補助簿と伝票会計について学習する。

4－1. 主 要 簿

主要簿は営業活動から生じるすべての取引を記録するための帳簿で，原則として作成が義務付けられている。取引を日付順に記載する**仕訳帳**と，勘定科目ごとに整理する**総勘定元帳**の2つがある。総勘定元帳については，それを簡略化したT勘定の形式ですでに学習している。以下の取引を2つの主要簿に記載する。

（1）仕 訳 帳

以下の1ヶ月分の取引を仕訳帳に記録する。仕訳帳の記入のルールには次のようなものがある。①仕訳帳の右側にある (11)，(12) は仕訳帳のページ番号である。②各勘定科目の右側（元帳欄）の数値は，それぞれの総勘定元帳の番号と対応している。③借方もしくは貸方の勘定科目が2つ以上ある場合は，勘定科目が複数あることを示す「諸口」を記入する。

（20x1年7月の取引）

　1日：守口商店から商品（みかんジュース（以下，みかんJとする），50本，@¥100）を仕入れ，代金として約束手形（yodo005）を振り出した。

　2日：寝屋川商店から商品（ぶどうジュース（以下，ぶどうJとする），30本，@¥150，みかんJ，20本，@¥95）を仕入れ，代金は現金で支払った。

3 日：収入印紙¥300と切手¥400を現金で購入した。

3 日：西宮商事に商品（ぶどうJ，20本，@¥200）を販売し，代金は掛けとした。

6 日：宝塚商事に商品（みかんJ，40本，@¥140，ぶどうJ，10本，@¥190）を販売し，代金を小切手で受け取った。

6 日：西宮商事振り出しの約束手形（ume033）¥2,500が満期となり，当座預金口座に入金された。

7 日：備品¥1,500を購入し，小切手を振り出して支払った。

8 日：守口商店から商品（みかんJ，60本，@¥110）を仕入れ，代金は掛けとした。

10 日：西宮商事から売掛金の一部として¥3,000の小切手を受け取った。

12 日：先月分のインターネットの利用料¥700と営業用の携帯電話料金¥1,100が普通預金口座から引き落とされた。

13 日：先月の電気料金¥800が普通預金口座から引き落とされた。

15 日：宝塚商事に商品（みかんJ，40本，@¥140）を販売し，代金の半分が普通預金口座に入金された。残額は掛けとした。

16 日：寝屋川商店から商品（ぶどうJ，50本，@¥170）を仕入れ，代金のうち半分は小切手を振り出して支払った。残額は掛けとした。

17 日：16日に仕入れた商品のうち2本が品違いだったため返品した。

20 日：従業員に給料¥2,000を普通預金から振り込んだ。

21 日：寝屋川商店への買掛金の一部¥2,500を現金で支払った。

22 日：商品代金として守口商店に振り出していた約束手形（yodo003）¥1,600が満期となり，当座預金口座で決済された。

25 日：西宮商事に商品（みかんJ，50本，@¥150）を販売した。代金は掛けとした。

27 日：寝屋川商店への買掛金の支払いのため小切手¥3,500を振り出した。

28 日：宝塚商事から売掛金の一部として現金¥3,000を受け取り，直ちに当座預金口座に入金した。

30 日：25日に西宮商事に販売した商品の一部に間違いがあり返品を受けた。掛け代金から¥750を減額した。

31 日：小口現金の担当者から，電車代（8日：¥300，22日：¥200），文房具代（17日：¥350），お茶代（20日：¥250）を支払った旨の報告を受けた。

31 日：今月の小口現金の減少額を同額の小切手を振り出して補充した。

仕 訳 帳

20x1年		摘　　　要	元丁	借　方	貸　方
7	1	（　仕　　入　）	35	5,000	
		（支 払 手 形）	16		5,000
		守口商店から仕入			
7	2	（　仕　　入　）	7	6,400	
		（　現　　金　）	1		6,400
		寝屋川商店から仕入			
7	3	諸　口　　（　現　　金　）	1		700
		（租 税 公 課）	50	300	
		（通 信 費）	52	400	
		切手と収入印紙を購入			
7	3	（　売 掛 金　）	7		4,000
		（　売　　上　）	31	4,000	
		西宮商事に売上			
7	6	（　現　　金　）	1	7,500	
		（　売　　上　）	31		7,500
		宝塚商事に売上			
7	6	（当 座 預 金）	4	2,500	
		（受 取 手 形）	8		2,500
		約束手形の満期による入金			
7	7	（　備　　品　）	10	1,500	
		（当 座 預 金）	4		1,500
		ノートPC，小切手振り出し			
7	8	（　仕　　入　）	35	6,600	
		（買 掛 金）	15		6,600
		守口商店から仕入			
7	10	（　現　　金　）	1	3,000	
		（　売 掛 金　）	7		3,000
		西宮商事から回収（小切手）			
7	12	（通 信 費）	41	1,800	
		（普 通 預 金）	3		1,800
		6月分の通信費			
7	13	（水 道 光 熱 費）	46	800	
		（普 通 預 金）	3		800
		電気料金（6月分）			
7	15	諸　口　　（　売　　上　）	31		5,600
		（普 通 預 金）	3	2,800	
		（　売 掛 金　）	7	2,800	
		宝塚商事に売上			
		次ページへ		45,400	45,400

仕　訳　帳

12

20x1年		摘　　要		元丁	借　方	貸　方
			前ページから		45,400	45,400
7	16	（　仕　入　）	諸　口	35	8,500	
			（当座預金）	4		4,250
			（買　掛　金）	15		4,250
		寝屋川商店から仕入				
7	17	（買　掛　金）		15	340	
			（　仕　入　）	35		340
		寝屋川商店に一部返品				
7	20	（　給　料　）		38	2,000	
			（普通預金）	3		2,000
		7月分の給料				
7	21	（買　掛　金）		15	2,500	
			（　現　金　）	1		2,500
		寝屋川商店に買掛金の支払い				
7	22	（支　払　手　形）		16	1,600	
			（当座預金）	4		1,600
		約束手形の満期で出金				
7	25	（売　掛　金）		7	7,500	
			（　売　　上　）	31		7,500
		西宮商事に売上				
7	27	（買　掛　金）		15	3,500	
			（当座預金）	4		3,500
		寝屋川商店に買掛金の支払い				
7	28	（当座預金）		4	3,000	
			（売　掛　金）	7		3,000
		宝塚商事から掛けの回収				
7	30	（　売　　上　）		31	750	
			（売　掛　金）	7		750
		西宮商事から一部返品				
7	31	諸　口	（小口現金）	2		1,100
		（旅費交通費）		51	500	
		（消耗品費）		52	350	
		（　雑　　費　）		53	250	
		今月の小口現金の報告				
7	31	（小口現金）		2	1,100	
			（当座預金）	4		1,100
		小口現金の補充	次ページへ		77,290	77,290

(2) 総 勘 定 元 帳

　総勘定元帳はすべての勘定科目について作成されるが、ここでは資産の勘定科目として現金勘定と売掛金、負債の勘定科目として買掛金勘定、収益の勘定科目として売上勘定、費用の勘定科目として仕入勘定と給料勘定を示す。総勘定元帳の形式には標準式と残高式があるため、現金勘定は両方の形式を紹介する。すでに学習済みのT勘定は標準式を簡略化したものである。残高式は現金出納帳（補助簿の項目で学習する）に似ている。

　各勘定科目の右側の番号は総勘定元帳全体でのページ数、仕丁欄の番号は仕訳帳のページ数と対応している。

〔標準式〕

現　金　　　　　　1

20x1年		摘　要	仕丁	借　方	20x1年		摘　要	仕丁	貸　方
7	1	前 月 繰 越	✓	25,000	7	2	仕　　　入	11	6,400
	6	売　　　上	11	7,500		3	諸　　　口	11	700
	10	売 掛 金	11	3,000		21	買 掛 金	12	2,500
						31	次 月 繰 越	✓	25,900
				35,500					35,500
8	1	前 月 繰 越	✓	25,900					

〔残高式〕

現　金　　　　　　1

20x1年		摘　要	仕丁	借　方	貸　方	借／貸	残　高
7	1	前月繰越	✓	25,000		借	25,000
	2	仕入	11		6,400	借	18,600
	3	諸口	11		700	借	17,900
	6	売上	11	7,500		借	25,400
	10	売掛金	11	3,000		借	28,400
	21	買掛金	12		2,500	借	25,900
	31	次月繰越	✓		25,900		
				35,500	35,500		
8	1	前月繰越	✓				25,900

売　掛　金　　　　7

20x1年		摘　要	仕丁	借　方	20x1年		摘　要	仕丁	貸　方
7	1	前 月 繰 越	✓	8,000	7	10	現　　　金	11	3,000
	3	売　　　上	11	4,000		28	当 座 預 金	12	3,000
	15	売　　　上	11	2,800		30	売　　　上	12	750
	25	売　　　上	12	7,500		31	次 月 繰 越	✓	15,550
				22,300					22,300
8	1	前 月 繰 越	✓	13,300					

買　掛　金　　　　15

20x1年		摘　要	仕丁	借　方	20x1年		摘　要	仕丁	貸　方
7	17	仕　　　入	12	340	7	1	前 月 繰 越	✓	11,500
	21	現　　　金	12	2,500		8	仕　　　入	11	6,600
	27	当 座 預 金	12	3,500		16	仕　　　入	12	4,250
	31	次 月 繰 越	✓	16,010					
				22,350					22,350
					8	1	前 月 繰 越	✓	16,010

売　上　　　　31

20x1年		摘　要	仕丁	借　方	20x1年		摘　要	仕丁	貸　方
7	30	売 掛 金	12	750	7	3	売 掛 金	11	4,000
	31	損　　　益	✓	23,850		6	現　　　金	11	7,500
						15	諸　　　口	11	5,600
						25	売 掛 金	12	7,500
				24,600					24,600

116

仕　　入								35
20x1年		摘　要	仕丁	借　方	20x1年		摘　要	仕丁	貸　方

116

仕　入　35

20x1年		摘要	仕丁	借方	20x1年		摘要	仕丁	貸方
7	1	支払手形	11	5,000	7	17	買掛金	12	340
	2	現金	11	6,400		31	損益	✓	26,160
	8	買掛金	11	6,600					
	16	諸口	12	8,500					
				26,500					26,500

給　料　38

20x1年		摘要	仕丁	借方	20x1年		摘要	仕丁	貸方
7	20	普通預金	12	2,000	7	31	損益	✓	2,000
				2,000					2,000

4－2. 補　助　簿

　補助簿は主要簿と異なり作成することは義務ではないが，経営管理上の必要に応じて作成される。そのため企業によっては，ここで示す補助簿を作成していないこともある。

　補助簿はさらに補助記入帳と補助元帳に分類される。補助記入帳は特定の勘定科目に関わる取引のすべての明細を記録する帳簿で，現金出納帳，当座預金出納帳，小口現金出納帳，仕入帳，売上帳，支払手形記入帳，受取手形記入帳などがある。補助記入帳は商品ごとや取引先ごとの明細を記録する帳簿で主要簿では把握が難しい情報を管理することができる。具体的には，商品有高帳，買掛金元帳，売掛金元帳などがある。

（1）現　金　出　納　帳

　現金の出入りは総勘定元帳に記帳するが，より詳しく把握したい場合は現金出納帳を作成する。この帳簿によって現金勘定に関する取引の内容と残高を常

に知ることできる。会計年度の欄には取引が生じた月日，摘要欄には取引内容を記入する。取引ごとに収入欄もしくは支出欄に金額を記入し，残高を計算する。

現金出納帳

20x1年		摘　　　要	収　入	支　出	残　高
7	1	前月繰越	25,000		25,000
	2	寝屋川商店から仕入		6,400	18,600
	3	収入印紙と切手代		700	17,900
	6	宝塚商事へ売上、小切手で回収	7,500		25,400
	10	西宮商事から小切手、売掛金を回収	3,000		28,400
	21	寝屋川商店への買掛金を支払い		2,500	25,900
	31	**次月繰越**		**25,900**	
			35,500	35,500	
8	1	前月繰越	25,900		25,900

(2) 当座預金出納帳

　当座預金出納帳は当座預金の出入の明細を記録し，残高を明らかにするため，取引銀行別に作成する。会計年度の欄には取引が生じた月日，摘要欄には取引内容を記入する。預入または引出欄には取引の金額を記入し，残高を計算する。「借／貸欄は，当座預金残高がプラスの場合は「借，マイナスの場合は「貸」と記入する。残高が貸方である場合，それがマイナスを意味しているため，残高に「−」や「△」は不要である。

当座預金出納帳

20x1年		摘　　　要	預　入	引　出	借/貸	残　高
7	1	前月繰越	8,000		借	8,000
	6	約束手形の期日のため入金	2,500		〃	10,500
	7	備品の購入		1,500	〃	9,000
	16	寝屋川商店から仕入れ		4,250	〃	4,750
	22	約束手形の期日のため出金		1,600	〃	3,150
	27	寝屋川商店に買掛金の支払い		3,500	貸	350
	28	宝塚商事から売掛金の回収	3,000		借	3,350
	31	小口現金の補充		1,100	〃	2,250
	〃	**次月繰越**		**1,550**		
			13,500	13,500		
8	1	前月繰越	1,550		借	1,550

(3) 小口現金出納帳

　小口現金出納帳は，小口現金の補給と支払いの明細を記録するために作成する。会計年度の欄には取引が生じた月日，摘要欄には取引内容を記入する。受入および支払欄には，取引による金額を記入する。内訳欄には，取引に対応した勘定科目欄にその金額を記入する。

小口現金出納帳

受入	20x1年		摘要	支払	内訳			
					交通費	通信費	消耗品費	雑費
2,000	7	1	前月繰越					
		8	電車代	300	300			
		17	文房具代	350			350	
		20	お茶代	250				250
		22	電車代	200	200			
			合　計	1,100	500	0	350	250
1,100		31	小切手の受入れ					
		〃	**次月繰越**	**2,000**				
3,100				3,100				
2,000	8	1	前月繰越					

（4）仕入帳と売上帳

　企業にとって本業そのものである仕入や売上に関する情報は最重要といえる。その情報を管理する目的で作成するのが仕入帳と売上帳である。これらの帳簿は，利益の見積もりや販売価格を決定する際にも重要な資料となる。

　仕入帳には，仕入先名，代金の支払方法，商品の明細，取引金額を記入する。異なる種類の商品を仕入れた場合は内訳欄を使用する。商品を仕入値引や仕入返品が生じた場合，朱記（赤色で記帳）する。一般的には月末に**総仕入高**から仕入戻し高（仕入値引・返品高）を控除して，**純仕入高**を算出する。

　売上帳には，得意先名，代金決済の方法，商品の明細，取引金額を記入する。異なる種類の商品を販売した場合は内訳欄を使用する。売上値引や売上返品が生じた場合は朱記する。仕入帳と同様に月末に**総売上高**から売上戻り高（売上値引・返品高）を控除して，**純売上高**を算出する。

仕 入 帳

20x1年		摘　　　　要	内訳	金額
7	1	守口商店　　　　　　　　　手形		
		みかんジュース　50本　@¥100		5,000
	2	寝屋川商店　　　　　　　　現金		
		ぶどうジュース　30本　@¥150	4,500	
		みかんジュース　20本　@¥95	1,90	6,400
	8	守口商店　　　　　　　　　掛け		
		みかんジュース　60本　@¥110		6,600
	16	寝屋川商店　　　　　小切手・掛け		
		ぶどうジュース　50本　@¥170		8,500
	17	**寝屋川商店　　　　　　掛け返品**		
		ぶどうジュース　2本　@¥170		**340**
		総仕入高		26,500
		仕入戻し高		**340**
		純仕入高		26,160

売　上　帳

20x1年		摘　　　　要		内訳	金額
7	3	西宮商事	掛け		
		ぶどうジュース　20本　@¥200			4,000
	6	宝塚商事	小切手		
		みかんジュース　40本　@¥140		5,600	
		ぶどうジュース　10本　@¥190		1,900	7,500
	15	宝塚商事	振込・掛け		
		みかんジュース　40本　@¥140			5,600
	25	西宮商事	小切手・掛け		
		みかんジュース　50本　@¥150			7,500
	30	**西宮商事**	**掛け返品**		
		みかんジュース　5本　@¥150			750
			総売上高		24,600
			売上戻り高		750
			純売上高		23,850

(5) 買掛金元帳と売掛金元帳

　買掛金・売掛金の残高は総勘定元帳で把握できる。しかし，総勘定元帳では取引先ごとの買掛金・売掛金の増減および残高を知ることができないため，仕入先ごとに買掛金元帳，得意先ごとに売掛金元帳を作成する。この帳簿によって総勘定元帳では把握することが難しい掛代金の支払いや回収の遅れ，残高が適正な範囲内かを知ることができる。

　買掛金元帳の「借／貸」欄は原則として「貸」，売掛金元帳は「借」となる。

買掛金元帳
守口商店

月	日	摘　要	借　方	貸　方	借/貸	残　高
7	1	前月繰越		2,000	貸	2,000
	8	仕入		6,600	〃	8,600
	31	**次月繰越**	8,600			
			8,600	8,600		
8	1	前期繰越		8,600	貸	8,600

売掛金元帳
西宮商事

月	日	摘要	借方	貸方	借/貸	残高
7	1	前月繰越	5,000		借	5,000
	3	売上	4,000		〃	9,000
	10	小切手で回収		3,000	〃	6,000
	25	売上	7,500		〃	13,500
	30	返品		750	〃	12,750
	31	**次月繰越**		**12,750**		
			16,500	16,500		
8	1	前月繰越	12,750		借	12,750

(6) 商 品 有 高 帳

　商品有高帳は，商品の在庫を管理する目的から商品の種類ごとに商品の受入と払出をその都度記録し，売上原価を算定し，商品残高を明らかにするために作成する。商品の種類ごとに在庫と仕入原価を確認することができるが，多様な商品を取り扱っている場合は，膨大な作業が必要となるため帳簿を作成することは現実的ではない。

　商品の払出単価を決める方法には，**先入先出法**と**移動平均法**がある。先入先出法は，先に仕入れた商品から販売すると仮定し，払出単価を決める方法である。取り扱う商品としては食料品をイメージするとよい。食料品は，早く販売しなければ古くなって商品価値が下落したり，廃棄処分となってしまうからである。

　移動平均法は，商品を仕入れる度に在庫と合計し，平均単価を求め，その値を払出単価とする方法である。平均単価は，「金額の合計÷在庫の合計」で求める。移動平均法で取り扱う商品は，在庫と新しい商品を混同しても問題がないガソリンのような液体をイメージすると理解しやすい。

商品有高帳

（先入先出法）　　　　　　　（みかんジュース）

20x1年		摘要	受入			払出			残高			
			数量	単価	金額	数量	単価	金額	数量	単価	金額	
7	1	前月繰越	20	100	2,000				20	100	2,000	
	1	仕　入	50	100	5,000				70	100	7,000	*1
	2	仕　入	20	95	1,900				70	100	7,000	*2
									20	95	1,900	
	6	売　上				40	100	4,000	30	100	3,000	
									20	95	1,900	
	8	仕　入	60	110	6,600				30	100	3,000	
									20	95	1,900	
									60	110	6,600	
	15	売　上				30	100	3,000	10	95	950	*3
						10	95	950	60	110	6,600	
	25	売　上				10	95	950				
						40	110	4,400	20	110	2,200	
	30	売上返品				△ 5	110	550	25	110	2,750	*4
	31	次月繰越				25	110	2,750				
			150		15,500	150		15,500				
8	1	前月繰越	25	110	2,750				25	110	2,750	

＊1：在庫と新しく仕入れた商品の単価が同じ場合は単純に合計する。

＊2：新しく仕入れた商品と単価が異なる場合は単価ごとに分けて記入する。

＊3：40個の販売だが先頭の在庫は30個しかないため，2番目の単価の在庫から不足分の10個を払い出す。

＊4：返品は払出欄のマイナスとせずに受入欄に記入する方法もある。

商品有高帳

（移動平均法）　　　　　　　　（みかんジュース）

20x1年		摘要	受　入			払　出			残　高			
			数量	単価	金額	数量	単価	金額	数量	単価	金額	
7	1	前月繰越	20	100	2,000				20	100	2,000	
	1	仕　　入	50	100	5,000				70	100	7,000	*1
	2	仕　　入	20	95	1,900				90	98.9	8,900	*2
	6	売　　上				40	98.9	3,956	50	98.9	4,945	
	8	仕　　入	60	110	6,600				110	105	11,545	*3
	15	売　　上				40	105	4,200	70	105	7,350	
	25	売　　上				50	105	5,250	20	105	2,100	
	30	売上返品				△ 5	105	525	25	105	2,625	
	31	次月繰越				25	105	2,625				
			150		15,500	150		15,506				*4
8	1	前月繰越	25	105	2,625				25	105	2,625	

＊1：在庫と新しく仕入れた商品の単価が同じ場合は単純に合計する。

＊2：在庫の数量90個，金額8,900円から残高の単価を求める。

＊3：在庫の単価と異なる仕入のため，残高の単価を再計算する。

＊4：小数点の処理で受入欄と払出欄の金額の合計が一致しないことがあるが，在庫の単価は内部の情報で月次決算に支障はない。

(7) 支払手形記入帳と受取手形記入帳

支払手形および受取手形の増減や残高は総勘定元帳から把握できるが，個別の手形の金額や満期日などの情報は知ることができない。それらの情報を適切に管理するために作成するのが支払手形記入帳および受取手形記入帳である。

これらの帳簿には，手形の種類，手形番号，受取人（支払手形記入帳），支払人（受取手形記入帳），振出人の名称，振出日，支払期日，支払場所，金額，決済までのてん末など詳細な情報を記入する。手形の種類には為替手形を示す「為手」と記入されることもあるが，実際に為替手形が使用されることは非常に少ない。てん末が空欄となっている手形は，まだ満期日に達していないことを示している。

支払手形記入帳

20x1年		手形種類	手形番号	摘 要	受取人	振出人	振出日	
							月	日
4	22	約手	yodo003	仕 入	守口商店	当社	4	22
6	10	約手	yodo004	備 品	枚方商会	当社	6	10
7	1	約手	yodo005	仕 入	守口商店	当社	7	1

満期日		支払場所	手形金額	てん末		
月	日			月	日	摘要
7	22	淀川銀行	1,600	7	22	支払
8	10	淀川銀行	4,300			
9	1	淀川銀行	5,000			

受取手形記入帳

20x1年		手形種類	手形番号	摘 要	支払人	振出人	振出日	
							月	日
4	14	約手	san004	売 上	尼崎商事	尼崎商事	4	14
5	17	約手	ume026	売掛金	宝塚商事	宝塚商事	5	17
7	6	約手	ume033	売 上	宝塚商事	宝塚商事	7	6

満期日		支払場所	手形金額	てん末		
月	日			月	日	摘要
6	14	三宮銀行	3,300	6	14	入金
8	17	梅田銀行	5,500			
9	6	梅田銀行	7,500			

4－3. 伝票と証憑（しょうひょう）の処理

(1) 伝 票 会 計

　企業経営の規模が拡大するにつれて取引量も増大する。そうなると帳簿のみで取引を記録する方法に限界が生じてくる。この課題に対して，**伝票**によって取引を記録する制度が生まれた。

　ここでいう伝票とは，取引の内容が仕訳の形式，または仕訳が可能である形

式で記帳されている1枚の紙であり，後で学習する証憑と区別される。企業は3種類あるいは5種類の伝票を使って，日々の取引を記載していく。3種類の伝票（① 入金伝票，② 出金伝票，③ 振替伝票）を用いる**3伝票制**，④ 売上伝票，⑤ 仕入伝票を用いる**5伝票制**があるが，ここでは伝票制について学習する。

① 入金取引

売上¥100の代金を現金で回収した場合，入金伝票で処理すると次のようになる。入金伝票では，借方の現金勘定を省略する。

入金伝票	
勘定科目	金額
売上	100

（借方）　　　　　　　　（貸方）
現　金　　100　／　売　上　　100

② 出金取引

商品¥200を現金で仕入れた場合，出金伝票で処理すると次のようになる。出金伝票では，貸方の現金勘定を省略する。

出金伝票	
勘定科目	金額
仕入	200

（借方）　　　　　　　　（貸方）
仕　入　　200　／　現　金　　200

③ その他の取引

3伝票制では，現金勘定を使用しない取引には振替伝票を使用する。例えば車両¥200を購入し代金を翌月に払う場合，振替伝票で処理する。

振替伝票			
借方	金額	貸方	金額
車両	200	未払金	200

（借方）　　　　　　　　（貸方）
車　両　　200　／　未払金　　200

(2) 取引の擬制と分解

次のような取引は，貸方の勘定科目が2つあるため，このままでは伝票による処理ができない。

（借方）　　　　（貸方）
土　地　350　／　現　金　200
　　　　　　　／　未払金　150

このような取引を伝票によって処理するために，① 実際には存在しない**取引を想定（擬制）**する方法，もしくは② 一つの取引を二つに分解して処理する方法がある。

① 取引を擬制して起票する方法：1行目に総額での取引金額を記入して，2行目でマイナスする。

振替伝票			
借方	金額	貸方	金額
土地	350	未払金	350

出金伝票	
勘定科目	金額
未払金	200

（借方）　　　　　（貸方）
土地　　350　／　未払金 350
未払金　200　／　現金　200

振替伝票			
借方	金額	貸方	金額
土地	150	未払金	150

出金伝票	
勘定科目	金額
土地	200

（借方）　　　　　（貸方）
土　地　150　／　未払金 150
土　地　200　／　現　金 200

(3) 証　　憑

これまで，さまざまな取引とその処理についてみてきたが，実際には証憑書類をもって，その取引の事実が証明される。**証憑**とはその日付，事柄，内容，金額，取引相手等が記載されたもので具体的には領収書，納品書，商品受領書，請求書，取引照会などがある。先に学習した伝票もこれらの証憑を基礎資料として作成されている。

（例）10月6日，株式会社大経商事は茨木商事より商品を仕入れ，品物とともに次の請求書（兼納品書）を受け取った。なお，消費税は税抜方式で処理する。

請求書

株式会社大経商事　御中

20×1年10月6日
茨木商事株式会社

品物	数量	単価	金額
X品	40	20,000	800,000円
Y品	40	16,000	640,000円
Z品	30	15,000	450,000円
		小　　計	1,890,000円
		消費税（10%）	189,000円
		合　　計	2,079,000円

20×1年10月31日までに合計額を下記口座へお振込み下さい。
大阪淀川銀行三宮支店　普通　1234567 イバ゛ラキショウシ゛(カ

　請求書に基づいて大経商事は茨木商事から3種類の品物（X品・Y品・Z品）を合計¥1,890,000分仕入れたことがわかる。取引が行われたのは10月6日であるが，「20x1年10月31日までに合計額を下記口座へお振込み下さい。」と記載されているように，まだ代金は未払いである。そのため，貸方には買掛金が計上される。なお，消費税は税抜方式で処理するため**仮払消費税**（資産）が計上されている。よって，大阪商事の仕訳は以下のとおりである。

```
10/6  （借方）                        （貸方）
      仕　　　　入（＋費用） 1,890,000 ／ 買　掛　金（＋負債） 2,079,000
      仮払消費税（＋資産）　 189,000 ／
```

　では，販売者である茨木商事側の取引をみてみよう。茨木商事は大経商事に販売をした際に請求書を発送するとともに，手元にその写しを保管する。これが，販売したことの証明となる。よって，茨木商事は以下の「請求書（控）」をもって以下のとおり取引を記帳することとなる。

請求書（控）

20×1年10月6日

株式会社大経商事　御中

茨木商事株式会社

品物	数量	単価	金額
X品	40	20,000	800,000円
Y品	40	16,000	640,000円
Z品	30	15,000	450,000円
小　　計			1,890,000円
消費税（10%）			189,000円
合　　計			2,079,000円

20×1年10月31日までに合計額を下記口座へお振込み下さい。
大阪淀川銀行三宮支店　普通　1234567 イバラキショウジ（カ

```
10/6  （借方）                    （貸方）
      売　掛　金（＋資産）2,079,000  /  売　　　　上（＋収支）1,890,000
                                  /  仮受消費税（＋負債）  189,000
```

練習問題

1）以下の2枚の伝票にもとづいて，取引を確定して仕訳を行いなさい。

振替伝票			
借方	金額	貸方	金額
売掛金	2,000	売上	2,000

入金伝票	
勘定科目	金額
仕入	2,000

2）商品を販売し，代金￥100,000のうち，￥20,000は現金で受け取ったが残額は掛けとした。以下の入金伝票を作成した場合の振替伝票を作成しなさい。

入金伝票	
勘定科目	金額
売掛金	20,000

3）4月15日，株式会社上新庄商店は下新庄商事よりオフィス器具を購入し，品物とともに次の請求書を受け取った。この証憑に基づいて取引を仕訳しなさい。

請求書

20×1年4月15日

株式会社上新庄商店　御中

下新庄商事株式会社

品物	数量	単価	金額
応接用デスク	2	66,000	132,000円
オフィス用什器	2	55,000	110,000円
オフィス用チェア	5	33,000	165,000円
配送料	-	5,400	
	合　計		412,400円

20×1年4月30日までに合計額を下記口座へお振込み下さい。
大阪淀川銀行東淀川支店　普通　1234567 シモシンジョウショウジ（カ

参考文献（第 2 章）

泉谷勝美（1997）『スンマへの径』森山書店。
――――（2002）『現代簿記論』森山書店。
渡邉　泉（2008）『歴史から学ぶ会計』同文舘出版。
――――（2014）『会計の歴史探訪』同文舘出版。
渡部裕亘・片山覚・北村敬子編著（2023）『検定簿記講義 3 級』中央経済社。
（web ページ）
日本商工会議所「簿記検定試験出題区分表」（2022 年度から適用）
　　URL：https://www.kentei.ne.jp/bookkeeping/exam-list

勘定科目一覧表

資産	負債	費用
（流動資産）	（流動負債）	（売上原価）
現金，小口現金	買掛金	仕入
普通預金，当座預金	支払手形	売上原価
売掛金	電子記録債務	（販売費及び一般管理費）
クレジット売掛金	借入金，手形借入金	発送費
受取手形	当座借越	給料
不渡手形	未払金	法定福利費
電子記録債権	前受金，仮受金	広告宣伝費
繰越商品，製品，材料	（未払費用）	支払手数料
（売買目的）有価証券	未払給料，未払利息など	支払（家賃，地代）
貸付金，手形貸付金	（前受収益）	旅費交通費
△貸倒引当金	前受家賃，前受利息など	通信費
（従業員）立替金	（所得税）預り金	水道光熱費
前払金	（住民税）預り金	消耗品費
未収入金	（社会保険料）預り金	保険料
仮払金	（仮受，未払）消費税	租税公課
受取商品券	未払配当金	貸倒損失*1
差入保証金	（固定負債）	貸倒引当金繰入
消耗品，貯蔵品	社債，長期借入金	修繕費
（仮払，未収）消費税	退職給付引当金	減価償却費
仮払法人税等	純資産	保管費，諸会費，雑費
前払費用	資本金	（営業外費用）
前払家賃	資本準備金，利益準備金	支払利息
前払保険料	繰越利益剰余金	社債利息
未収収益	収益	手形売却損
未収家賃	（営業収益）	有価証券売却損
未収利息	売上	有価証券評価損
（固定資産）	（営業外収益）	創立費*2
土地，建物	受取手数料	株式交付費*2
備品，機械装置	受取（家賃，地代）	雑損
車両運搬具	受取（利息，配当金）	（特別損失）
△減価償却累計額	有価証券利息	固定資産売却損
定期預金	有価証券売却益	火災損失
長期貸付金	有価証券評価益	（法人税等）
のれん	雑益	法人税等
特許権，商標権	（特別利益）	
子会社株式	貸倒引当金戻入	（その他の勘定科目）
投資有価証券	償却債権取立益	現金過不足
（繰延資産）省略	固定資産売却益	損益

*1　その対象が売上債権ではなく貸付金の場合，営業外費用に分類される。
*2　繰延資産として処理されることもある。

第3章 株式会社の会計

第1節　企業会計の仕組み

1−1.　企業活動の財務諸表への反映

　企業は，出資者をはじめとした企業外部の利害関係者へ，その経済活動についての報告を行うことが義務付けられている。財務諸表は，その報告のために経済活動を貨幣額によって測定した数値を反映した報告書である。まず，企業の経済活動が利害関係者の意思決定に役立つ情報として財務諸表上に反映されるプロセスを，数値例を用いながら説明する。

　企業の経済活動は，大きく分けると①資金の調達，②資金の投下，③営業活動という3つの過程を経ながら営まれる。それらの活動の内容やその結果は貨幣額で測定され，貸借対照表と損益計算書にまとめられる。

(1) 資 金 の 調 達

　企業は，まず出資者（株主）から経営に必要な資金を調達することから経済活動をスタートする。出資者から調達した資金を，**資本**または**自己資本**というが，この資本だけでは資金が足りない場合には，企業は金融機関等から資金の借入れを行う。この借入れた資金のことを，**負債**または**他人資本**という。

　例えば，X社が株主から200万円の資本の拠出を受け，さらに銀行から300万円借り入れ，合計500万円の資金を調達したとする。このとき，X社は資本200万円，負債300万円という調達元から得た500万円の現金という資産を有

することとなる。これを式に表すと次のようになる。この式を**貸借対照表等式**といい，資産の合計額は負債・資本の合計額と必ず一致する。

$$資産 = 負債 + 資本（500万円 = 300万円 + 200万円）$$

　この資産と負債・資本の状態を表すために作成されるのが**貸借対照表**である。貸借対照表では，資産，負債，資本の内訳が次のように表示される。

貸借対照表

X社		×5年4月1日		（単位：万円）
資産		負債		
現金	500	借入金	300	
		資本		
		資本金	200	
資産合計	500	負債資本合計	500	

(2) 資 金 の 投 下

　企業は調達した資金をそのまま保有していても利益を得ることはできないため，その資金を経営に必要な**資産**に変えていく必要がある。商業を営む企業は商品の仕入れなどを行い，製造業を営む企業は原材料や設備の購入を行うこととなる。例えば，先のX社が販売して利益を得ることを目的に，500万円の現金のうち400万円の現金を使って商品を仕入れたとする。このとき，X社の資産は400万円の商品と残りの100万円の現金から構成されることになる。

$$資産 = 負債 + 資本（100万円 + 400万円 = 300万円 + 200万円）$$

貸借対照表

X社		×1年4月1日		（単位：万円）
資産		負債		
現金	100	借入金	300	
商品	400	資本		
		資本金	200	
資産合計	500	負債資本合計	500	

　このように貸借対照表は，企業の資金調達元を他人資本である負債と出資者
の拠出した資本に区分してそれぞれの金額とその合計を貸方（右側）に資金の
調達源泉として記載するとともに，その資金を投下した結果として保有してい
る資産の内訳とその合計額を借方（左側）に資金の運用形態として記載すると
いう構造になっている。このように貸借対照表に示される資金の調達源泉と運
用形態の釣り合いの状態を，企業の**財政状態**という。

　X社の例を見てわかるように，貸借対照表からは，その企業がどのように資
金を調達し，その資金を何に投下したのか，財政状態はどうなるのかを理解す
ることができる。

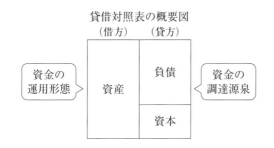

貸借対照表の概要図

(3) 営　業　活　動

　企業はこれらの資産を用いて，利益を得るための営業活動を行う。

　前述のX社は，1年間の営業活動において商品400万円分のうち350万円分
を販売価格400万円で顧客に掛で販売したとする。この結果，1年間の営業活
動によって50万円の利益を得たこととなる。この利益は出資者の拠出した資
金により獲得されたものであるため，出資者に帰属することとなり，貸借対照
表では資本に追加されるものとして記載される。つまり，出資者に帰属する資
本の額は200万円から250万円へ増加することとなる。この1年間の営業活動
の結果，X社の貸借対照表は以下のようになる。

貸借対照表

X社		×2年3月31日	（単位：万円）
資産		負債	
現金	100	借入金	300
商品	50	資本	
売掛金	400	資本金	200
		当期純利益	50
資産合計	550	負債資本合計	550

　X社の利益は，350万円で仕入れた商品を400万円で販売したことから生じる。つまり，引き渡した商品の原価350万円の費用を消費し，売上代金400万円の収益を得て，その差額として50万円の利益が獲得されたのである。これを式に表すと次のようになるが，これを**損益計算書等式**といい，費用と利益の合計は必ず収益に一致する。

$$費用 + 利益 = 収益 （350万円 + 50万円 = 400万円）$$

　損益計算書では，この関係を次のように記載する。

損益計算書

X社		×5年4月1日～×6年3月31日	（単位：万円）
費用		収益	
売上原価	350	売上高	400
当期純利益	50		
	400		400

　損益計算書では，営業活動によって得られた成果である**収益**を貸方（右側）に，その成果を得るために費やした努力としての**費用**を借方（左側）に記載して，それらの差額として利益が計算される構造となっている。また，この努力としての費用は，収益獲得のための犠牲といわれることもある。

　このX社の例では，収益が費用よりも大きいため利益が得られているが，費用が収益よりも大きくなると損失が生じる。このような損益計算書で示される

利益や損失の獲得状態を**経営成績**という。

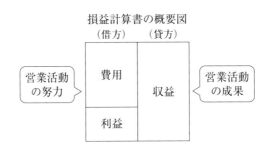

損益計算書の概要図

以上のように，貸借対照表と損益計算書は，企業が資金の調達を行いその資金を投下して営業活動を行った結果，財政状態がどのように変化したのか，また利益をどれだけ獲得したのか，さらにはそれらの原因がどのようなものであるかを示しているといえる。

1－2. 取引の識別から財務諸表の作成まで

ここまで非常に単純な企業活動を示すことにより，企業の経済活動が貸借対照表と損益計算書にどのように反映されるのかを見てきた。しかし，実際の企業の活動を記録するためには，様々な活動を体系的に効率よく記録するための手法が必要となる。そのために，数百年前のヨーロッパで編み出され現在まで利用され続けているのが**複式簿記**である。

1つの取引は，売上の発生と資金の増加のように，原因と結果ともいえる二面性を有している。複式簿記は，この取引の両面を記録して，その記録から財務諸表を作成するための手法であり，次のような流れにより企業の経済活動が財務諸表に反映されていく。ここではその流れを大まかに確認しておくが，複式簿記についての詳細は第2章を参照されたい。

（1）取引の識別と仕訳帳への記入

企業の活動には様々なものがあるが，そのうち資産，負債，資本に影響を及

ぼす活動を取引という。前述のX社の例では，資金調達（出資者からの拠出と
銀行からの借入），資本投下（商品の仕入），営業活動（商品の販売）がこれに相
当する。簿記では，日々の企業の活動の中から，これら取引に該当する活動だ
けをその活動により影響を受けた項目（勘定科目）とその金額を示す形で，**仕
訳帳**という帳簿に発生順に記録する。この記録を仕訳という。この仕訳帳を見
ると，いつ，どのような取引が発生したかが時系列に沿って把握できる。

（2）総勘定元帳への転記

取引の発生順に記録された仕訳帳の記録は，次に，影響を受けた項目別に分
類した集計表（**勘定**）にその内容を書き写して（**転記**），項目ごとに日付や金額
が容易に検索できるように整理する。これら全ての項目についての勘定を記録
した帳簿を**総勘定元帳**という。総勘定元帳には，貸借対照表と損益計算書の全
構成項目についての勘定が設定されている。総勘定元帳を作成することで，各
項目についての現時点での残高を確認したり，その残高に至るまでの経緯を調
べたりすることなどが容易になる。

（3）決算と財務諸表の作成

ある会計期間（例えば1年間）の企業の活動について，すべての仕訳や転記
が終了すると，総勘定元帳のすべての項目を集計して，**試算表**を作成する。こ
の試算表を作成することにより，総勘定元帳に示されている各項目の残高が，
その時点での企業の経済的事実（現金有高や在庫の金額など）を正しく反映して
いるかを検証することができる。

さらに，会計期間中の日々の取引には表れない経済的事実，例えば設備の使
用による経済的価値の消費や在庫商品の価値の下落，売掛金が回収できない可
能性なども発生しているのが通例である。これらの経済的事実を試算表上の各
項目の残高に反映させるための処理を行うが，この処理を**決算整理**という。

このように試算表を作成して決算整理を行った後に，仕訳帳と総勘定元帳を
締切り，貸借対照表と損益計算書が完成する。試算表の作成から，貸借対照表
と損益計算書が完成するまでの作業を**決算**という。なお，わが国では毎年3月
31日または12月31日を決算日とする企業が多い。

第2節　会 計 の ル ー ル

2−1.　会計公準と企業会計原則など

　企業が会計処理を行い，財務書類を作成していくためには，それらの活動が成り立つための前提や，一定のルールが必要となる。ここでは会計が成立するための基本的前提である会計公準および，わが国において企業会計の最も基本的なルールとして定められている企業会計原則について解説する。

(1) 会 計 公 準

　企業が会計主体として活動を行うためには，必要不可欠な前提を満たすことが求められる。このような基本前提を会計公準という。会計公準には以下の3つの公準が挙げられる。

ⅰ．企業実体の公準

　会計という活動を行うには，まずその対象となる主体・組織を特定する必要がある。これが**企業実体の公準**であり，会計単位の公準ともいわれる。様々な経済的事実を会計記録として記録していくには，これらの事実を何らかの会計実体・単位に帰することが不可欠であり，これにより出資者個人ではなく企業としての資産・負債・資本を識別している。

ⅱ．継続企業の公準

　企業の活動は一回限りのものではなく，半永久的に継続して行っていくことが前提となる。第1節のX社の例においても，商品を販売し終われば企業が解散するものではなく，得られた利益によりさらに商品を仕入れ，利益を獲得していく。このように企業が解散や倒産を前提とせず半永久的に継続することを前提とすることを**継続企業の公準**という。

ⅲ．貨幣的測定の公準

　企業が取り扱う財やサービスには様々なものがあるが，それら多様な項目を共通の測定尺度により表現するために，貨幣という尺度が用いられる。これを**会計的測定の公準**という。これは，企業にとって重要な活動であってもそれが

貨幣という尺度により測定できないものは，会計の対象とはならないということも意味している。

(2) 企業会計審議会および企業会計基準委員会が作成するルール

企業が様々な会計処理を行って財務書類を作成していく際に，すべての企業を律する共通のルールがなければ，経営者による利益操作が行われたり，企業間の比較可能性が損なわれたりする恐れもある。このために様々な会計基準や後述する法制度が定められている。さらにわが国においては，それらの会計基準や法制度等に先立って企業会計の基本的なルールとして定められたものとして**企業会計原則**がある。

企業会計原則は1949年に経済安定本部企業会計制度対策調査会（現在は金融庁の諮問機関である**企業会計審議会**）によって公表されたものであり，**一般原則，損益計算書原則，貸借対照表原則**から構成される。これは，「企業会計の実務の中に慣習として発達したもののなかから，一般に公正妥当と認められたところを要約したものであり」と前文において示されているように，すでに会計実務において普及していた慣行から会計のルールを抽出したものである。

以下に一般原則において示されている主要な7つの原則を列挙する（これらに加え企業会計原則注解1に示される**重要性の原則**も，実務において極めて重要なものとされている）。

ⅰ．真実性の原則

企業の財政状態および経営成績に関して真実な報告を提供するものでなくてはならない。

ⅱ．正規の簿記の原則

すべての取引につき正規の簿記の原則に従い正確な会計帳簿を作成しなければならない。

ⅲ．資本取引と損益取引の区分の原則

資本取引と損益取引を明瞭に区分し，特に資本剰余金と利益剰余金を混同してはならない。

ⅳ．明瞭性の原則

会計事実を明確に表示し，利害関係者の判断を誤らせないようにしなければならない。

ⅴ．継続性の原則

会計処理の原則および手続を毎期継続して適用し，みだりに変更してはならない。

ⅵ．保守主義の原則

不利な影響を及ぼす可能性に備えて適当に健全な会計処理をしなければならない。

ⅶ．単一性の原則

種々の目的のために異なる形式の財務諸表を作成する場合も，事実の真実な表示をゆがめてはならない。

なお，現在は上述した企業会計審議会ではなく，2001年に民間の基準設定団体として設立された**企業会計基準委員会**が企業会計基準の作成，公表を行っている。これは桜井［2023］などで指摘されるように，会計基準作成の国際的潮流において，政府の機関ではなく民間団体が会計基準を作成するべきという意見が強くなってきたことによるものである。

現在までに企業会計基準委員会公表している会計基準としては，第1号から第31号までが公表されている（2023年1月時点）。最新の第31号は「会計上の見積りの開示に関する会計基準」（2020年公表）であるが，それ以前の基準も随時改正がなされており，特に重要な第29号「収益認識に関する会計基準」（2018年公表，2020年改正）については他の箇所において詳述する。

2－2．会社法におけるルール

株式会社にかかる会計のルールを規定する主たる法令は会社法ならびにその細則である会社計算規則である。会社法は2005年7月に商法から分離独立して制定された法律であり，株主，債権者，経営者（取締役）等の関係者間の利害調整を重視している。特に会社財産の不当な流出を防ぎ，債権者の権利を保護

するために，株主へ分配される金額に様々な制約を課している。例えば分配の原資は会社が稼得した利益に限定され，また分配に際しては一定額を準備金に積立てることが求められている。

　会社法およびその会計規範としての会社計算規則においては，会計報告書である計算書類を作成し，関係者に報告する義務が定められている。この計算書類には「**貸借対照表**」，「**損益計算書**」，「**株主資本等変動計算書**」，「**個別注記表**」から構成され，さらにそれらの内容を補足する「**附属明細書**」を付すことも求められている。

　この計算書類および附属明細書は，一定の要件を満たす会社においては会計監査人（公認会計士または監査法人に限られる）による監査を，そのほかの会社においては監査役による監査を受けたうえで，概ね決算日から3か月以内に開催される定時株主総会の原則として2週間前までに，招集通知とともに株主に送付する必要がある。

2－3. 金融証券取引法におけるルール

　会社法がすべての会社を対象とした法律であるのに対して，金融商品取引法は上場会社（証券取引所の審査に合格し，株式市場で当該会社の株式の売買が行われている会社）などを対象としている。会社法が関係者間の利害調整，特に債権者の保護を重視しているのに対して，金融商品取引法は証券投資にかかる投資者の意思決定に必要な情報を提供することを通じ，国民経済の健全な発展と投資者の保護を目的としている。この目的のため，多額の有価証券を発行して資金調達を行う企業に対して，有価証券届出書や有価証券報告書を作成し，開示することを求めている。このような企業内容等を開示する制度を一般にディスクロージャー制度という。なお，有価証券届出書は発行総額または売出価額の総額が1億円以上の有価証券を募集または売り出す会社などにより作成され，有価証券報告書は株式を金融商品取引所に上場した会社および有価証券届出書を提出した会社により各事業年度終了後3カ月以内に作成され，いずれも内閣総理大臣への提出を義務づけられている。これらの書類はEDINETとい

う電子開示システムにより誰でも自由に閲覧できる。

　有価証券届出書および有価証券報告書の「経理の状況」には連結財務諸表および個別財務諸表が記載される。個別財務諸表としては「**貸借対照表**」,「**損益計算書**」,「**株主資本等変動計算書**」,「**附属明細表**」,「**キャッシュ・フロー計算書**」(連結財務諸表を作成しない場合) が含まれる。連結財務諸表には「**連結貸借対照表**」,「**連結損益計算書**」,「**連結包括利益計算書**」,「**連結株主資本等変動計算書**」,「**連結キャッシュ・フロー計算書**」,「**連結附属明細表**」が含まれる。

　これらの財務諸表等を作成する際には連結財務諸表規則および連結財務諸表規則ガイドラインに従う必要があるが,連結財務諸表規則第1条第1項には「この規則において定めのない事項については,一般に公正妥当と認められる企業会計の基準に従う」とされている。この「一般に公正妥当と認められる企業会計の基準」には,企業会計審議会により公表された企業会計の基準(企業会計原則など)や,企業会計基準委員会が公表する会計基準等を含むものとされている。

　なお,金融商品取引法においては,毎四半期会計期間経過後45日以内に「四半期報告書」を開示することも義務づけられている。さらに,金融商品取引法ではなく証券取引所の適時開示ルールにもとづき提出が求められる決算短信も,ディスクロージャー制度の重要な要素といえる。

2－4. 税法におけるルール

　企業に課される法人税は企業の利益を対象として課税されるものであるため,法人税法の規定は企業の会計実務に大きな影響を与える。ただし,法人税の課税標準は収益から費用を控除した利益ではなく,「**益金**」から「**損金**」を控除した課税所得であり,それに一定の税率を乗じることで法人税額が求められる。この益金は収益と同じではなく,損金も費用と同じではないため,法人税額の算定においては,会社法の規定に基づく損益計算書の税引前当期純利益の額に,益金と収益,損金と費用の差額を調整することにより,課税所得を算出する。これを概略的に図示すると次のようになる。

142

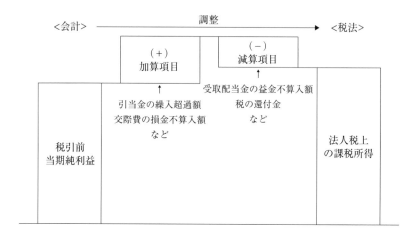

この図のように，会社法の規定に基づく会計上の税引前当期純利益に，会計上の費用ではあるが法人税法上の損金には含まれない項目を加算し，さらに会計上の収益ではあるが法人税法上の益金には含まれない項目を減算することなどにより，法人税法上の課税所得が算出される。このようなプロセスにより，企業は税引前当期純利益から課税所得への調整を行い，法人税の申告納税を行っている。

ただし，当期純利益から課税所得への調整項目があまりにも多くなると課税所得の算出に非常に労力を要することとなる。このため，例えば減価償却費の算定においては法人税法の規定に準じる企業が多いなど，税法が会計実務に影響を与えているといえる。

2－5. 概念フレームワーク

概念フレームワークとは，企業会計の基礎にある前提や概念を体系化したものであり，これ自身は会計基準ではないが，会計基準が策定・改訂される際の基盤となるものとされている。1978年から2000年までにFASBにより第1号

から第7号までの概念書が公表されたほか，IASBも1989年に「財務諸表の作成・表示のフレームワーク」を公表した。わが国でも2004年に「**財務会計の概念フレームワーク**」が企業会計基準委員会により討議資料として公表されている。これらの概念フレームワークは，IASBとFASBの共同プロジェクトなどを通じ，随時改訂されている（わが国では2006年に改訂）

　わが国の概念フレームワークにおいては，会計情報に求められる最も基本的な特性は「**意思決定有用性**」である，すなわち，投資家が自己責任により投資にかかる意思決定をするために，投資家と経営者の情報の非対称性を緩和して市場の機能障害を解決することとされている。このように投資者の経済的意思決定に有用な情報を提供することを主たる目的としており，投資者から資金を受託する経営者の受託責任（スチュアードシップ）に基づく**説明責任（アカウンタビリティ）**については明確には示されていない。ただし，IASBの2018年改訂概念フレームワークにおいてはスチュアードシップの概念が再導入されているなど，今後の議論に留意する必要がある。

　また，これらの概念フレームワークにおいては「財務諸表の構成要素」である資産・負債・純資産・収益・費用などの定義づけが行われている。わが国の概念フレームワークにおいても，収益は「特定期間の期末までに生じた資産の増加や負債の減少に見合う額のうち，投資のリスクから解放された部分」，費用は「特定期間の期末までに生じた資産の減少や負債の増加に見合う額のうち，投資のリスクから解放された部分」と定義されている。これは，収益・費用を資産・負債に関連付けて定義しているということであり，次に解説する「資産負債観」（資産負債アプローチ）に繋がるものとも考えられる。

第3節　損益計算と2つの会計アプローチ

3－1．損益法と財産法

　第1節で示した通り，企業の経済活動は貸借対照表と損益計算書により企業外部の利害関係者に報告されるが，それらの書類に示されている様々な項目の

なかでも，利害関係者の意思決定のための情報として特に重要と考えられているのが，ある会計期間における利益，すなわち当期純利益である。この当期純利益を計算するときの考え方として**損益法**と**財産法**の2つが挙げられる。

まず損益法であるが，これは当期に発生した収益から利益を差し引いて計算する考え方である。例えば第1節のX社を例に示すと以下のようになる。

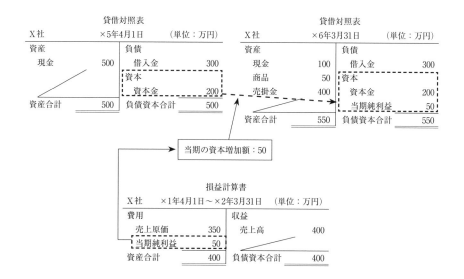

X社は期首に保有していた資本金200万円を元手として経済活動を行い，350万円の費用をかけて400万円の収益を得た。この収益400万円から費用350万円を控除した50万円が当期純利益となり，当該金額について貸借対照表の資本の部の金額も増加する。仮に収益より費用のほうが大きければ当期純損失となり，当該金額について資本の部の金額が減少する。損益法においては，純利益の額を示すだけではなく，収益と費用それぞれの内容，内訳の金額を示すことにより，利益が生じた原因も明らかにできるところその特徴がある。

一方，財産法においては，期首と期末の貸借対照表の資本の金額を比較し，その増加分として当期純利益を計算する。すなわち，期末資本250万円から期

首資本200万円を控除した50万円が当期純利益となる。仮に期末資本が期首資本より小さければ，当期純損失となる。財産法においては純財産の増加により裏付けられた数値としての純利益が計算できるところにその特徴がある。

　以上の損益法と財産法のいずれの考え方によった場合も，すなわち損益計算書と貸借対照表のいずれを用いた場合も当期純利益の額は同じとなるが，この両方の考え方を併用することにより，利益が生じた原因を示すとともに純財産の裏付けを伴った金額としての当期純利益を把握することができる。このため，損益計算書と貸借対照表の2つは，利益の計算に不可欠な基本財務諸表といわれている。なお，この例のように損益計算書の純利益と貸借対照表の資本の変動額が一致する関係を**クリーンサープラス関係**という。

3－2. 収益費用観と資産負債観

　3－1で示した損益法と財産法という利益計算における考え方は，収益費用観と資産負債観という2つの会計観とそれぞれ対応している。

　損益法は，収益と費用の差額として利益をとらえるものであり，資産・負債よりも収益・費用をより重視する考え方がその根底にあると考えられる。このような考え方を**収益費用観（収益費用アプローチ）**というが，この考え方によれば，貸借対照表は例えば支出はしたが費用とはなっていない項目や収入はしたが収益とはなっていない項目などの収支計算と損益計算のズレ（いわゆる未解決項目）を収容し，次期に繰り越す役割を担うこととなる。

　これに対して財産法は，資本の増減額により利益を計算することから，収益・費用よりも資産・負債をより重視する考え方がその根底にあると考えられる。このような考え方を**資産負債観（資産負債アプローチ）**というが，この考え方においては，貸借対照表に計上される資産は経済的資源に限られ，負債はその資源を引き渡す義務に限られ，これにより貸借対照表は企業の財政状態を正確に表示する役割を担うこととなる。

　伝統的な会計の考え方は収益費用観に立脚してきたといえるが，IASB やFASBなどの世界の主要な会計基準設定主体において，資産負債観にもとづく

会計基準の設定が行われるようになり，わが国においても資産負債観を取り入れた会計基準の設定も認められるようになっている。

3－3. 財務諸表の構成

　ここまでは，貸借対照表と損益計算書という2つの書類によって企業の経済活動がどのように示されるかを見てきたが，株式会社の財務諸表にはこれら2つの基本財務諸表だけではなく，株主資本等変動計算書およびキャッシュ・フロー計算書の作成も含まれている。

　まず株主資本等変動計算書であるが，これは株式会社の資本（純資産）の内訳とその変動を項目別に示すものである。株式会社においては，株主からの払込資本と，株主へ分配可能な利益を区分する必要があり，それぞれの項目の変動を明瞭に表示する必要があり，具体的には，当期純利益が発生すればそれは資本の増加要因となり，株主への配当を行えばそれは資本の減少要因となるが，それらをその項目別・発生原因別に表示するのが株主資本等変動計算書である。

　キャッシュ・フロー計算書は，当該会計期間におけるキャッシュ・フローの状況を，営業活動・投資活動・財務活動に区分して表示するものである。なお，キャッシュ・フロー計算書の現金及び現金同等物の期首および期末残高は，貸借対照表と整合する必要がある（キャッシュ・フロー計算書については第12節において詳述する）。

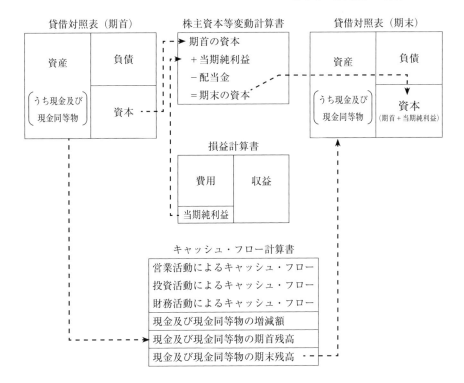

　これらのほかにも，財務諸表に対する注記および附属明細表が求められるた
め，株式会社が関係者に提供する書類の一式を改めて列挙すると，貸借対照
表・損益計算書・株主資本等変動計算書・キャッシュ・フロー計算書・財務諸
表に対する注記ならびに附属明細表となる。

第4節　収益の認識と測定

4－1．現金主義会計の特徴と問題点
　損益法における利益もしくは損失の額は，収益から費用を差し引くことによ
り計算されるが，その利益（損失）の額を計算するためには，収益および費用

が，いつの時点で把握されるのか（認識），またその金額はいくらとなるのか（測定）という2つのステップが重要となる。

まずは認識のステップについてであるが，現金の収入および支出の時点で収益および費用を認識する会計の方法を**現金主義会計**という。ここで第1節におけるX社の例を再び取り上げるが，X社は400万円の現金を支払って仕入れた商品のうち350万円分を300万円で掛け売りしたが，いまだ売上代金としての現金は受け取っていない。この場合，現金主義会計における収益は0円，費用は400万円であるため，利益はマイナス400万円（損失）となる。

この方法は現金の収入・支出という事実に基づくものであるため単純で理解しやすく，算出された利益の額も客観的に検証しやすいものとなる。しかし，現金主義会計においては現金が収入されるまで収益が認識されず，仮に仕入れを掛で行っていた場合には，費用の認識もなされず，収益・費用ともにゼロとなる。このように現金主義会計には，利益を獲得するために企業が行った努力やその成果が適切な時点で把握できないことが生じうるという問題が認められる。

4－2. 発生主義会計と実現基準

このような現金主義会計の問題に対応し，企業の経済活動の実態に即した利益計算を行うために用いられているのが**発生主義会計**である。発生主義会計においては，収益・費用ともに企業の経済活動の成果と関連する重要な事実が生じた時点で認識を行う。この重要な事実が販売取引における商品・製品の引き渡しやサービスの提供である。第1節のX社の例でいえば仕入れた商品を引き渡した時点で，収益としては売上高400万円が，費用としては販売した商品にかかる売上原価350万円が認識され，利益は50万円と計算される。このように企業活動の成果（売上）とそれを獲得するための犠牲としての費用（売上原価）が，その販売取引が生じた時点で対応表示される。

ただし，この発生主義会計もその考え方を徹底すると，たとえば商品・製品の生産やサービスを創出した時点で経済的価値が生じたと考え，その時点で収

益を認識するということにもなりうるが，そのような会計処理は現実に即したものとはいえない。そのため，わが国の企業会計原則においては「**実現**」という概念が用いられ，収益に関しては商品・製品を販売またはサービスを提供し，その対価としての貨幣性資産（売掛金，受取手形を含む）を受領することで収益は実現し，その時点で認識されるものとされている。このように収益については実現基準または実現原則により認識されるものとされている。

商品・製品の引渡し，サービスの供給と売掛金の決済

売掛金の発生　　　　　　（代金の受取）

（時間の経過）

| 発生主義会計における
収益の認識時点 | 現金主義会計における
収益の認識時点 |

4−3. 収入額基準による収益の測定

収益が認識された後には，その収益がどのような金額であるかという測定のステップに進むこととなる。第1節の事例においては，収益の額は300万円と測定されているが，これは売掛金が決済された際に収入されるべき金額である。このように過去，現在または将来における収入額に基づいて測定されることを，収入額基準による収益の測定という。

すなわち，利益の計算は発生主義会計により行わるが，その際に収益の認識は実現主義により行われ，その測定は**収入額基準**により行われるということである。

4−4. 新たな収益認識基準

このようにわが国では実現主義に基づき収益を認識する実務が定着していたが，収益認識に関する包括的な会計基準は公表されてこなかった。そのようななかでIASBおよびFASBが2014年に新たな会計基準である「顧客との契約か

ら生じる収益」を公表したことを受け，わが国のASBJも2018年3月に企業会計基準第29号「**収益認識に関する会計基準**」を公表し，2021年4月1日以降に開始する会計年度から適用することとされた。

　新たな基準においてはこれまでの実現概念に代わって「**契約上の履行義務の充足**」という考え方を用いている。これは，財やサービスを顧客に移転させるという契約上の義務をまず識別し，その義務が履行されるにつれて収益を認識するということを基本的な原則とするものである。

　この基本的な原則にもとづいて収益を認識するにあたり，この基準においては以下の5つのステップが示されている。

　ステップ1：顧客との契約の識別

　ステップ2：個別の履行義務の識別

　ステップ3：取引価格の算定

　ステップ4：取引価格を個別の履行義務に配分

　ステップ5：企業が履行義務を充足した時点で（充足するにつれて）収益を認識

　これらのステップに示されているように，まず契約において企業に課せられている義務を個々に分解することとなる。例えば顧客の保有する工場への機械の納入および据付，顧客の従業員に対する操作研修，稼働開始後の3年間の保守サービスを含めた契約について考えてみる。この場合，納入，据付，操作研修，保守サービスはそれぞれ個別の義務として識別される。これらの個別の義務に対して顧客から得られる対価としての取引価格を配分し，それぞれの義務が履行されるに従って徐々に収益が認識される。特に稼働開始後の保守サービスは3年間にわたり時間の経過につれて収益認識されることとなる。

　このような認識基準は，従来の実現主義よりも複雑であり実務的にも困難が生じると考えられることがある。しかし，新たな基準は実現した取引と実現していない取引を精緻に区分することにより，実現主義をより具体的に示したものと考えることもできる。

第5節　費用の認識と測定

5－1.　消費基準による費用の認識

　費用とは，収益を核とするために企業が消費する財貨やサービスであるが，これも収益と同様に発生主義会計のもと，現金の支出の時ではなく，その消費がなされた時点で認識される。これを**消費基準**または**発生原則**による費用の認識という。

　企業が収益獲得に用いる資源（建物や設備などの固定資産や仕入れた商品など）は，それらを購入した時点ですべてが消費されるものではなく，それらが使用される期間，販売される期間にわたって費用として計上される。固定資産であればその耐用年数にわたり経済的価値が消費される部分について減価償却費として毎年度費用計上される。商品などの棚卸資産であれば，それが販売された部分について販売された年度に売上原価として費用計上されることとなる。この一連のプロセスが消費基準による費用の認識である。

5－2.　支出額基準による費用の測定

　費用についても，その発生（消費）が認識された後には，その金額を決定する測定のステップに進む必要がある。

　費用の金額の測定においては，消費した財貨やサービスに対する過去，現在または将来の支出額に基づいて算定される。例えば固定資産の減価償却費は，当該固定資産を購入した時点の支出額を基礎として算定され，販売した商品の売上原価も，その商品を仕入れた際の支出額に基づいて算定される。これを**支出額基準**による費用の測定という。

●減価償却費の認識・測定（耐用年数5年の場合）

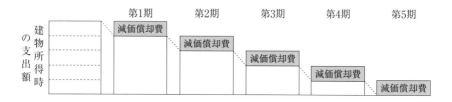

●商品の売上原価の認識・測定

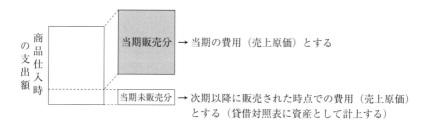

5－3. 費用収益対応の原則

　ここまで，収益および費用についてその認識・測定のステップにおいて見てきたが，これら収益および費用は，それぞれが別個に認識されるものではなく，経済活動の成果を表す収益と，それを得るために消費された犠牲としての費用を対応させることになる。これにより，発生主義会計において各会計期間の経営成績をより適切に示すことが可能となるものであるが，このような利益計算の基礎となるのが費用収益対応の原則である。

　この費用と収益の対応関係には大きく分けて以下の2つのものがある。

①個別的対応（直接的対応）

　売上高と売上原価のように，特定の商品・製品やサービスを媒介とする収益との直接的な対応関係，因果関係を有する場合の対応関係。

②期間的対応（間接的対応）

　広告宣伝費や支払利息，賃借料のように，特定の商品・製品やサービスを

　媒介とした収益との直接的な対応関係，因果関係を認めることはできない
が，収益と同じ期間内に把握されたことに基づく，会計期間を媒介とする対
応関係。

　これら2つの対応関係に基づき，損益計算書においては収益と費用の対応表
示が行われることとなるが，この点については次の第6節において詳述する。

　さらに，この費用収益対応の原則は損益計算書の表示だけではなく，費用の
認識にも影響を与えることがある。例えば賞与引当金のように，賞与の支給と
いう事実はいまだ発生していなくても，その原因が当期において既に発生して
いる場合は，適正な期間損益計算を行うために，その原因が発生した会計期間
において費用を認識することとなる。一方，創立費や株式交付費などの繰延資
産については，既にサービスの消費などの事実が発生しているが，その効果が
将来にわたって発現すると認められるため，支出時には費用を認識せず一旦は
貸借対照表に資産として計上し，次期以降に取り崩して費用を認識することも
認められている。

第6節　損益計算書の意義：純利益と包括利益

6−1. 損益計算書の意義

　損益計算書は，企業がある会計期間に，どれだけの収益をあげたか，またそ
の収益のためにどれだけの費用を費やしたのか，その差額としてどれだけの利
益を獲得したのか，すなわち1会計期間の経営成績を表示するための書類であ
る。

　この損益計算書においては，単にその会計期間の経営成績が理解できるだけ
ではなく，どのような原因や，どのような努力によってその利益が得られたか
ということも把握できる。例えば前期に比べて利益が増加した場合，顧客に対
する売上が伸びたことがその原因であることも考えられるほか，生産や販売に
おけるコスト削減努力の結果であることもあるだろう。また遊休不動産や有価
証券の売却などの臨時的な利益による場合も考えられる。前期と今期の損益計

算書を比較することにより，利益を生み出したこのような原因も把握することができる。

6－2. 損益計算書の仕組み

損益計算書により企業の経営成績が適切に表示されるためには，5－3で示した費用収益対応の原則が重要となる。企業の経済活動の分類と収益・費用の区分の概要は以下のように捉えられる。

企業の経済活動		費用	収益
営業活動 {	仕入・生産活動 ➡	売上原価	売上高
	販売・回収活動 } ➡	販売費及び一般管理費	
	経営管理活動		
金融活動や本業以外の経済活動 ➡		営業外費用	営業外収益
その他の経済活動や臨時的事象 ➡		特別損失	特別利益

まず企業の主たる営業活動としては，商品の仕入・製品の製造と，それを販売して代金（貨幣性資産）として回収する活動が挙げられる。その際には総務・人事・経理等の経営管理活動も必須となる。このような活動から得られる収益は**売上高**として損益計算書に計上されるが，その売上高を得るための直接的な犠牲としての費用は**売上原価**として個別的対応関係のもと対応表示される。**販売費及び一般管理費**は収益との直接的な因果関係は認められないため，期間的対応関係のもと売上高と対応することとなる。

以下，個々の収益・費用についてみていくが，まず売上高は，商品や製品の販売，サービスの提供の対価として得られるものであり，企業活動の主たる目的であり成果といえるものである。それに対する直接的な費用である売上原価であるが，これは当金に販売した商品・製品や提供したサービスについて要した仕入・生産活動等の原価である。例えば製造業では製品を製造するための原材料の仕入代金，製造に要した人件費，水道光熱費，製造機械の減価償却費などであり，販売業においては商品の仕入代金や販売のために直接要した費用な

ど，飲食業においては食材や飲料などの仕入代金がこれにあたる。次に販売費及び一般管理費であるが，まず販売費に含まれるものとしては販売員の人件費や店舗の賃借料・維持費，広告宣伝費，販売手数料などが挙げられる。一般管理費としては本社などの会社の管理部門における各種の管理費，人件費などが挙げられる。これらの費用は主たる営業活動に対して間接的に要した費用であるため，売上高に対して個別的ではなく期間的対応関係を有するものと解される。

　主たる営業活動以外では，まず資金の借入や余裕資金の運用などの金融活動や，本業以外の一時的な不動産の貸付などの経済活動があるが，これらにかかる収益・費用は**営業外収益**および**営業外費用**として計上される。具体的な収益としては，受取利息，受取配当金，諸々の雑益などが挙げられる。費用としては支払利息，株式や社債の発行費，手形の売却損，諸々の雑損などが挙げられる。

　その他の経済活動や臨時的な事象とは，固定資産の売却や除却，災害などにともなう利益もしくは損失である。具体的には**特別利益**として土地等の固定資産の売却益，**特別損失**しては固定資産の売却損，災害損失などが挙げられる。特別利益は企業活動から得られた収益ではなく，また特別損失も収益獲得のための費用としての性格を有さないため，収益・費用ではなく特別利益・特別損失とされているものである。

6−3.　利益算出の流れ

　損益計算書は，6−2で示した図のように，企業の経済活動の分類ごとに区分して収益と費用と表示する。

　以下の図の通り，まず営業損益計算の区分において，売上高から売上原価を控除して売上総利益（または売上総損失）を算出する。この売上総利益（損失）が粗利と呼ばれるものであり，販売する商品・製品そのものが直接的に生み出す利益を表している。さらにその売上総利益（損失）から販売費及び一般管理費を控除することで営業利益（または営業損失）が算出される。この営業利益

156

（損失）が，企業の主たる経済活動（本業）から得られる利益ということとなる。

　次に経常損益計算の区分においては，営業利益（損失）に営業外収益を加算し営業外費用を控除することで経常利益（または経常損失）が算出される。この経常利益（損失）は，臨時的な要因を除く企業の通常の活動の結果として得られる利益を表すものとされている。

　最後に純益益計算の区分においては，経常利益（損失）に特別利益を加算して特別損失を控除することにより税引前当期純利益（損失）を算出し，さらにそれから法人税，純民税及び事業税を控除して法人税等調整額を加減することにより，最終的な当期純利益（損失）を算出する。この当期純利益（損失）は，臨時的な要因や法人税等の負担も考慮したうえで，企業がある会計期間においてどれだけの利益を獲得できたか，という最終的な結果を示しており，**ボトムライン**といわれることもある。

損益計算書
自　20X5年4月1日
Y社　　　　　　　至　20X6年3月31日　　　（単位：百万円）

Ⅰ	売上高	120,000	⎫
Ⅱ	売上原価	65,000	⎪
	売上総利益	55,000	⎬ 営業損益計算
Ⅲ	販売費及び一般管理費	47,000	⎪
	営業利益	8,000	⎭
Ⅳ	営業外収益	1,000	⎫
Ⅴ	営業外費用	2,000	⎬ 経常損益計算
	経常利益	7,000	⎭
Ⅵ	特別利益	500	⎫
Ⅶ	特別損失	1,500	⎪
	税引前当期純利益	6,000	⎪
	法人税，住民税及び事業税	1,620	⎬ 純損益計算
	法人税等調整額	180	⎪
	当期純利益	4,200	⎭

　なお，損益計算書の表示形式には**勘定式**と**報告式**がある。6－2の図の右部
分で示したように，貸方科目である収益を右側に，借方科目である費用を左側
に示し，その差額を当期純利益としたものを勘定式という。それに対し，上記
のように売上高を先頭に営業損益計算・経常損益計算・純損益計算という区分
に基づき当期純利益までを示したものを報告式といい，会社法，金融商品取引
法のいずれにおいてもこの報告式による開示が求められている。

6－4.　包　括　利　益

　損益計算書は最終的に当期純利益を算出することを目的としているが，国際
的な潮流に対応して，わが国では2010年に「包括利益の表示に関する会計基
準」が公表され，金融商品取引法のもとで開示される連結財務諸表においては
包括利益と呼ばれる利益の表示が義務付けられている（単体財務諸表では表示
義務はない）。

　第3節3－2で示したように，損益計算書における利益は貸借対照表におけ
る純資産の変動と一致するのが会計の基本的な原則である。しかし，今日の会
計実務においては，損益計算書に計上されない純資産の変動要因も多くなって
いる。例えば売却について制約のある有価証券（その他有価証券など）につい
てその時価が上昇した場合には，その評価差額は損益計算書に計上されず，当
期純利益を構成しない。このため，当期純利益と純資産の変動額が一致せず，
クリーンサープラス関係が成立しないこととなる。

　それに対して包括利益とは，ある会計期間における純資産の変動のうち，す
なわち株主からの出資や株主への配当などの資本取引を除いた純資産の変動す
べてを指すものであり，損益計算書に計上されない純資産の変動を包括する利
益概念である。当期純利益と包括利益の区別は，純資産の変動のうち「投資の
リスクから解放」されているか否か，という基準により判断される。例えば，
商品の販売等が完了していればその売上債権や販売された棚卸資産にかかる投
資のリスクからは解放されており，収益としての売上高と費用としての売上原
価が損益計算書に計上されて当期純利益を構成する。一方，上述のその他有価

証券は売却することに制約があるため，その評価差額は投資のリスクから解放
されているとはいえない。このような，投資のリスクから解放されていない損
益を総称して「**その他の包括利益**」というが，その他有価証券評価差額金や繰
延ヘッジ損益などがその代表的な例とされる。当期純利益にその他の包括利益
を加えたものが包括利益となり，この包括利益によって純資産の変動額と利益
の額が一致するというクリーンサープラス関係が維持されることとなる。

　なお，包括利益の表示方法としては，損益計算書の末尾に続けてその他包括
利益および包括利益を表示して「連結損益及び包括利益計算書」を作成する1
計算書方式と，当期純利益とは別個に包括利益計算書を作成する2計算書方式
がある（様式等の詳細は第13節13－4を参照）。

第7節　資産の概要：認識と測定

　本節では，貸借対照表を構成する資産の項目について取り上げることとしよ
う。資産は，貸借対照表の借方に記載されることになり，資産の部は，流動資
産，固定資産，繰延資産[1]に分類される。

7－1. 資産に計上される項目
（1）流　動　資　産
　流動資産には，主に**現金及び預金**，**受取手形と売掛金**からなる売上債権，売
買目的の**有価証券**，原材料，仕掛品，商品や製品などの**棚卸資産**，**短期貸付金**
などが含まれている。資産の中でも，これらの項目は，通常の営業循環の中で
発生する債権や相対的に換金可能性が高いものなどが主なものとなっている。

　現金及び預金には，紙幣，通貨だけでなく，現金同等物も含まれることにな
る。例えば，取引先から受け取った小切手や，すでに受け取っている，期限が
到来した公社債の利札などである。これらは，換金可能なものであるため，現
金としてみなす。

　受取手形は，すでに受け取っている約束手形や為替手形による債権残高を意

味している。売掛金は，掛け取引から生じた販売代金の未回収額を意味する。

　なお，手形のデジタル化に伴い，電子記録の債権に関しては電子記録債権勘定も使用される。これは，2008年施行の「電子記録債権法」により，売上代金の回収を紙の手形ではなく，電子記録による債権を受け取った場合には，電子記録債権として流動資産に計上することになった。ただし，重要性の乏しい場合には，受取手形に含めることができる。

　有価証券には，国債証券や地方債証券，社債券，株券又は新株予約権などが含まれる。さらに，有価証券は，保有目的が異なる場合，特に，短期的に売買することを通じて利益獲得を目的としたり，他社を支配することを目的に取得して保有することなどがあげられる。このような目的別に区分すると，短期的に売買することを目的で購入した有価証券は**売買目的有価証券**，満期まで保有することを目的とする社債や，その他の債券は**満期保有目的の債券**，そのほかにも，**関連会社株式**，**子会社株式**，さらに，これら以外の有価証券として，**その他有価証券**に大別される。その他有価証券の例としては，主に持ち合い株式が挙げられる。これは，子会社株や関連会社株ほど保有率は高くないものの，他社と関係を強めたいと考えた場合に，相手の会社と相互にお互いの株式を保有し合うものである。それらの株式を持ち合い株式や政策保有目的株式とよぶ。

　これら有価証券の決算時における期末評価方法は，保有区分別によって異なっており，資産評価をめぐる重要な論点の一つでもある。期末評価の方法については，企業会計基準第10号「金融商品に関する会計基準」で規定されている。売買目的有価証券は時価，満期保有目的の債券は償却原価，子会社株式，関連会社株式は取得原価，その他有価証券のうち，時価が把握可能なものについては，時価で評価することになる。

　上述したような資産とは異なり，営業活動の中心として売上収益，そして利益獲得のために売買が行われる商品，製品などが棚卸資産となる。これは売上収益を得るために払出すことを予定して保有している財貨で，短期のうちに数量的に減少する項目である。具体的には，商品の他に製品，半製品，原材料，

仕掛品などが含まれる。つまり，企業が保有する在庫のことを意味している。棚卸資産の取得原価としては，購入した場合の取得原価には，購入代価と付随費用（引き取り運賃，購入手数料など）が含まれることになる。

(2) 固 定 資 産

固定資産は，基本的に，事業遂行上，長期にわたり利用されるもの，そして，換金可能性が低いものから構成されており，「有形固定資産」，「無形固定資産」，「投資その他の資産」に分けられる。

「有形固定資産」は，企業が1年以上にわたり長期間使用する目的で保有する資産をいい，物としての実態を有する項目である。税法上では，取得原価が10万円以上のものでなければならない。例えば，店舗，倉庫や事務所などの建物や，各種の機械及び装置，それに付属する設備が挙げられる。他には，車両運搬具，工具器具備品，リース資産などもあり，これらは使用や時の経過により，次第にその価値が低下していくような資産である。そのため，減価償却という手続きに従い，減少した価値を各期間に費用として配分することになる。ただし，有形固定資産の中でも，土地などは価値の減少が生じない資産である。

上述した有形固定資産を取得した際には，帳簿上にそれらを記録することになるわけだが，その評価として取得原価が用いられる。取得原価は，棚卸資産と同様に，実際に購入に要した購入代価に，付随費用を加算して決定されることになる。付随費用には引取運賃や買入手数料などが該当する。

一方，「無形固定資産」は，企業の営業活動のために，物としての実態を有さず，1年以上にわたって利用される資産をいう。無形固定資産には特許権や商標権のような法律上の権利，コンピューターのソフトウェア製作費，のれんが，該当する。

IFRSでは，研究開発費が無形固定資産として計上される場合もあるが，日本の会計基準では原則として費用として計上されることになる。さらに，のれんの会計処理をめぐっても同様に会計処理が異なる。このように会計基準間で，会計処理が異なる項目もあることがわかる。

　「投資その他の資産」には，以下の有価証券などが該当する。投資有価証券などの長期的に保有することを目的とした株式がある。ただし，投資有価証券のうち，他企業を支配する目的で保有する関係会社の株式などについては，関係会社株式などとして区別して計上されることになる。

　さらに，「投資その他の資産」には，役員や従業員に対する貸付金のうち，決算日から1年を超えて満期が到来するもの，破産債権・更生債権で，決算日から1年以内に回収されないもの，長期前払費用，賃貸等不動産なども含まれる。

貸借対照表における資産の部

流動負債
現金及び預金
受取手形及び売掛金
商品及び製品
有価証券
固定負債
有形固定資産
無形固定資産
投資その他の資産

(3) 減 価 償 却

　有形固定資産に関しては，先に言及したように，原価（費用）配分の手続きとして，**減価償却**が実施されることになる。建物，備品，車両運搬具など，土地を除く有形固定資産は，使用することや，または時が経過することなどにともなって，次第に取得時からの価値が減少していくことになる。そのため，取得時からの価値減少分を，資産の耐用年数にともない各会計期間にわたり費用として配分する必要がある。当期中における価値の減少分を，当期の費用（減価償却費）として計上し，当該有形固定資産の取得原価からその価値減少分に相当する金額だけ減らしていく。これが減価償却の手続きである。

　実際に取得原価から減価償却の金額を直接控除する方法を直接法，取得原価から，減価償却費を直接控除するのではなく，減価償却累計額を用いて間接的

に減価された金額を計上する間接法とがある。

　減価償却の金額を計算する方法として，定額法や定率法があげられる。定額法とは，資産の耐用年数にわたり，毎期一定の金額ずつ，取得価額を減価償却費として配分する方法である。したがって，各期の減価償却費は下記の計算式に基づいて算定される。

減価償却費　＝（取得原価－残存価額）÷　耐用年数

　ただし，平成19年（2007年）以降に取得した有形固定資産については，以下の式を使用する。

減価償却費　＝　取得原価　÷　耐用年数

　なお，固定資産を減額させる手続きとして，費用（原価）配分を基にした減価償却とは異なるのが，減損手続きである。減損とは，固定資産の収益性が低下したことにより，投資額の完全な回収が見込めなくなった状態を指している。減損の会計処理としては，固定資産の帳簿価額を回収可能額まで減額することになり，減額分を当該会計期間の特別損失に計上する。

　(4) 繰 延 資 産

　繰延資産は流動資産，固定資産に次いで配列される項目であり，「すでに代価の支払が完了し又は支払い義務が確定し，これに対応する役務の提供を受けたにもかかわらず，その効果が将来にわたって発現するものと期待される費用」であると企業会計原則において規定されている。

　ただし，現在は，会社法施行後，会社計算規則第74条において，繰延資産として計上することが適当であると認められるもののみが計上されることになっている。会社計算規則には具体的な償却方法や償却期間の定めはないものの，用語の解釈などは，一般に公正妥当と認められる企業会計の基準その他の企業会計の慣行をしん酌しなければならないとされている。企業会計基準委員会（ASBJ）から出されている実務対応報告第19号「繰延資産の会計処理に関する当面の扱い」にもあるように，その計上項目は限られており，創立費，開業

費，株式交付費，社債発行費，開発費の項目が該当するのみである。

7−2. 貸借対照表における流動資産と固定資産の区分表示

　資産項目の区分表に関しては，基本的に営業循環基準と1年基準が適用され，貸借対照表上，流動資産と固定資産とに区分されることになる。営業循環基準とは，通常の企業活動における営業サイクルに基づき，つまり「現金及び預金　→　棚卸資産　→　売上債権　→　現金及び預金」のような企業によって繰り返し行われる経済活動の循環過程の中にある資産や負債は，流動資産ないし，流動負債とする基準である。

　実際に，営業循環のプロセスにある項目については，流動項目として判断し，営業循環基準に基づいて判断できない項目については1年基準を適用することになる。営業循環の過程にあるのは，現金，売掛金，受取手形，原材料，仕掛品，商品，製品などである。これらは，営業循環のプロセスで生じていることから，流動資産として区分される。

　貸付金は1年基準が適用され，決算日から起算して1年以内に回収期日が到来するものは，短期貸付金として流動資産に，1年を超えて期日が到来するものについては長期貸付金として固定資産に区分する。あわせて，土地，建物，機械なども有形固定資産として，流動資産とは区別されることになる。

　また，有価証券における貸借対照表上の区分は，流動資産と固定資産とに分類されるが，これは有価証券の保有目的などに基づき，分類が行われることになる。例えば，売買目的で購入した有価証券や1年以内に満期が到来する社債及びその他の債券などは流動資産に分類する。これ以外のものに関しては固定資産として区分表示する。流動資産に区分されたものは有価証券，固定資産に区分されたものは投資有価証券として貸借対照表に表示されることになる。

7−3. 資産の評価基準

　貸借対照表に計上される資産項目には，それぞれ金額が付されているわけだが，資産の評価基準にはいくつかの選択肢があり，評価基準が異なることで，

資産項目の金額も異なることになる。そのため，評価基準の相違が利益の多寡にも影響することになる。評価基準としては，客観的な価格に基づいて行われることが合理的であり，望ましいと考えられる。企業が購入市場と販売市場を通して取引を行っていることに鑑みれば，市場で成立する価格に基づいて評価されていることが重要といえる。具体的には，企業が資産を取得した時点での価格（＝取得原価），資産評価が行われる現時点での取引価格（取替原価，純実現可能価額），企業が資産を売却する将来時点での取引価格（将来キャッシュ・フローの割引現在価値）に大別される。

注

1 　繰延資産は，会社計算規則第 74 条　繰延資産として計上することが適当であると認められるもののみとなっている。

第8節　負債の概要：認識と測定

8－1.　負債に計上される項目

負債は，貸借対照表の貸方項目として記載されるが，例えば，**借入金，買掛金，支払手形，前受金，社債**などが負債に該当する。これらの項目は，ASBJが公表している討議資料「財務会計の概念フレームワーク」における負債の定義，「過去の取引または事象の結果として，報告主体が支配している経済的資源を放棄もしくは引き渡す義務，またはその同等物である」ことを満たすものである。

借入金は，簡単に言えば，借金である。銀行から資金調達のために借入を行った場合には，借入金として負債に計上される。この場合，銀行は，お金を貸し付けた会社に対して債権者となる。資金提供者という点で債権者と株主は同じであるが，株主は，会社が解散をしない限り，出資した資金は返済されることもない。債権者は，約定された満期日には，資金が返済される契約となっ

ている。

　買掛金は，通常，仕入先から商品などを購入した際に，後から支払うことを約束した結果生じる，営業上の未払代金のことである。なお，通常の営業取引とは別に発生する未払代金は買掛金として処理をしない。

　支払手形とは，仕入先との取引などにおいて，約束手形の振り出しから生じた手形債務である。このほかにも他人振り出しによる為替手形の引き受けなどによって負担することで，手形債務が発生する。これも支払手形として処理することになる。なお，これら買掛金も支払手形も営業上の負債となる。

　続いて，**社債**であるが，社債は資金調達のために，有価証券の一種として発行される。社債を購入し保有する人は，社債権者となる。この社債権者は，社債を保有している間は，一定の利率で定期的に利子を受け取ることができ，社債の満期日には，元本を返済してもらうことができる。なお，資金調達に際して，銀行などから資金を借り入れる方法を間接金融，社債のように，市場から資金を調達する方法を直接金融と呼ぶ。

　この社債は，普通社債と，新株予約権付社債とに分類される。普通社債とは，発行企業が社債の購入者に対して，社債の満期日まで定期的に約定された利子を支払うことを約束した債務である。満期日には，社債券を保有する人に対して，発行時に調達した資金を返済しなければならない。

　新株予約権付社債は，2002年4月の商法改正以前は，転換社債，ワラント債と呼ばれていた[2]。転換社債は，普通社債の性質に加えて，ある一定の期間内において社債の所有者が請求し，所定の条件を満たすことで，株式に転換できる社債である。ワラント債は，社債保有者が前もって決定された金額を払い込むことにより，新株式を購入することができる権利が付いた社債である。ちなみに，社債や借入金などは，買掛金，支払手形と異なり，金利支払いが発生するため，有利子負債とも呼ばれる。

　以上，取り上げてきた項目は主に法律上の債務に該当するとともに，確定債務と呼ばれ，金額と財貨・用益の給付先が確定している債務である。その履行に関して，期日，相手方，金額のすべてが確定しているのである。

　一方，上述したような債務とは異なり，債務を履行するうえで，期日，相手方，金額のうち，少なくとも1つが確定していない債務があり，これを条件付債務と呼ぶ。例えば，退職給付引当金は，各従業員に対する支払期日と金額が確定していないことから，条件付債務に該当する。条件付債務も法律上の債務に含まれる。続いては，こうした引当金に焦点を当てる。

8−2. 引　当　金

　負債の項目には，支払手形，買掛金，借入金，社債のような法律上の債務が挙げられたが，上述したような引当金も含まれることになる。引当金とは，将来の特定の費用又は損失であって，その発生が当期以前の事象に起因し，発生の可能性が高く，かつ，その金額を合理的に見積もることができる，という条件を満たす場合に，当期の負担に属する金額を当期の費用又は損失として計上される貸方勘定である。

　引当金としては，主に条件付き債務に相当する製品保証引当金，賞与引当金，退職給付引当金，そして条件付き債務に該当しない修繕引当金などがある。

　賞与引当金は，従業員の賞与支払いのために，当期に負担すべき未払額を決算時に見積もり，引当てる項目である（繰入額は販売費及び一般管理費としてP/Lに計上）。これは，相手方が従業員ということが明らかであるため，条件付債務にあたる。製品保証引当金は，自社が販売した製品に関して，時期以降に故障や欠陥が生じた場合には，無料で修理を行うことになるため，当期に販売した商品に対して，次期以降における修理の見積額を引当金として計上したものである。

　退職給付債務として，確定給付制度を採用する場合には，従業員の退職に際して支払われる退職金を前もって見積もり計上することが要求される。この評価額を，退職給付引当金として負債に計上することが会計基準で定められている。なお，連結貸借対照表には，年金資産の積み立て状況を反映させるなどのための特殊な会計処理を経ることで，「退職給付に係る負債」という科目名で

負債に計上する。

　上記の退職給付引当金は，条件付債務であるが，修繕引当金は条件付き債務には該当しない。将来の建物などの資産にかかる修繕のために引当てられる修繕引当金は，企業にとっての法律上の債務ではないため，条件付き債務にはあたらない。それゆえ修繕引当金は，負債性引当金の中でも債務以外の経済的負担としての負債に該当する。

　負債の項目の中でも，2008年に第18号として基準化された，資産除去債務は，「有形固定資産の取得，建設，開発又は通常の使用によって生じ，当該有形固定資産の除去に関して法令又は契約で要求される法律上の義務及びそれに準ずるもの（ASBJ基準第18号3項）」を指す。資産の取得時に，その資産を除去するための債務を発生時に負債として計上し，除去に係る費用を資産計上する。その後，除去費用を含む資産価額は，減価償却を通じて原価配分されることになる。このような資産と負債に計上する両建処理が採用されている。

　例えば，資産除去債務に該当するような項目として，原子力発電所施設の解体や借地に立てた建物の契約満了時点での撤去義務など[3]が，資産除去債務これに相当する。当該項目は，有形固定資産の取得，建設，開発や通常の使用に伴い生じ，当該有形固定資産の除去に関して法令または契約で要求される法律上の義務およびそれに準じるものを意味している。

8−3. 税 効 果 会 計

　企業が納めるべき税金には，法人税，住民税（都道府県民税，市町村民税），および事業税がある。これら税金は，課税所得を基に算出されるのだが，課税所得は損益計算書の当期純利益とは異なる。これは法人税法上の（収益となる）益金の額と（費用となる）損金の額が，企業会計上の収益の額と費用の額とは異なるからである。

　それゆえ，会計上の利益に税法特有上の調整を加えて課税所得を算出することになる。なお，確定決算主義が我が国では採用されており，会社法に基づき株主総会の承認により確定した決算から，法人税等を算出するための課税所得

の金額が算出されることになる。直接，P/L上の当期純利益の額に税率を乗じて計算するわけではないものの，企業に対する課税を行う上で，当期純利益を算出する企業会計は重要な役割を果たしているといえる。

　なお，税額はP/Lの（税引前）当期純利益の次に「法人税，住民税及び事業税」（法人税等）として記載する。法人税等は，一種の，税金費用としてP/Lに，そして中間納付額（仮払法人税等）を控除した未払法人税等（決算の結果，確定申告すべき法人税等から，中間納付額を控除した額）をB/Sの負債に計上する。

　ただし，上記のような，企業会計上の収益，費用と課税所得の算出のための益金・損金の認識などに差異が存在するため，その結果，会計上の税引前利益と法人税等とを対応付ける必要がでてくる。ここで税効果会計が必要とされる。P/Lにおいて法人税等調整額を（課税所得に基づいて計算された）法人税等に加味して計上することで，法人税等を会計上の適切な負担額へと調整することになり，適切な会計上の「（税引後）当期純利益」が計算されるのである。

8－4. 期間差異と資産負債法

　会計上の利益と課税所得上の不一致は，期間差異，永久差異とを生じさせる。期間差異とは，当期に生じた不一致が将来の会計期間において解消されると予想される差異のことである。つまり会計上と税法上でそれぞれの収益，費用と益金，損金の認識のタイミングが異なることから生じる差異である。例えば，貸倒引当金の繰入額は会計上費用として認められるが，法定限度額を超過した場合に，その超過額分は税法上，損金として算入されないこととなる。この超過分は。その後実際に貸倒れに伴う処理により費用，損失として処理された場合に，損金に算入されることになる。

　一方，永久差異とは，当期に生じた不一致が永久に解消されないとする差異である。受取配当金，交際費などは会計上，収益と費用としてP/Lに計上されるが，税務上では益金算入，損金算入が認められない。これは期間差異と異なり，永久に解消されない差異である。

　損金算入が容認されずに算出される課税所得に基づいて法人税等が計算されるため，その場合の法人税等は，企業会計上の負担よりも大きくなる。それゆえ，損益計算書上では，会計上に対応した法人税等に修正することになる。この修正により，法人税等調整額が計上され，結果的に会計の発生主義に基づいた利益に対応する，税金費用としての法人税額へと調整を行うのである。

　こうした不一致のうち，期間差異は，損益計算書だけでなく，資産，負債にも影響を及ぼすことになる。税務上の課税所得を計算する上での資産，負債と会計上の資産，負債の額に違いが出てしまうのである。

　この期間差異には，**将来加算一時差異と将来減算一時差異**があり，我が国の基準では，一時差異にかかる税金の額を適切な会計期間に配分，および計上するために，**繰延税金資産**ないし**繰延税金負債**を計上する**資産負債法**が採用されている。このような手続きが，税効果会計を実施するうえで必要となる。

　会計処理として，先の貸倒引当金を例に挙げると，法定超過分が損金算入されないため，会計上の利益よりも課税所得がその分だけ大きくなり，法人税等が，本来の会計上負担するべき金額よりも大きくなる。そこで，課税所得に基づいた法人税等を，法人税等調整額によって調整することになる。その際には，このような差異に関して，一種の税金の前払いに相当する，繰延税金資産（投資その他の資産に計上）を計上するとともに，法人税等調整額により会計上の負担額を減らすための仕訳（仕訳上，借方：繰延税金資産　貸方：法人税等調整額）を行うことになる。これが**将来減算一時差異**である。翌期以降に，先ほどの超過分が損金算入されると課税所得が減少することになり，先ほどの仕訳の相殺仕訳を行うことになる。ほかにも，退職給付引当金の繰入額，減価償却費に関する償却限度額を超える額の損金不算入などが対象となる。

　将来加算一時差異は，租税特別措置法による圧縮記帳の積立金，有価証券の時価評価差額などにより生じる。積立金に関しては，計上した際には，会計上の利益に比べて，課税所得が一時的に減額することになり，法人税等調整額を用いて，会計上の負担額を調整する必要がある。その際に，繰延税金負債を使用するとともに法人税等調整額（仕訳上，借方：法人税等調整額　貸方：繰延税

金負債）を用いる。そして，将来，積立金を取り崩すことにより，会計上の利益よりも課税所得が増加することになる。

　他方，有価証券のうち，その他有価証券のよる時価評価差額には，（純資産直入法に基づき）時価評価された，「**その他有価証券評価差額金**」（純資産のその他要素に計上）などが生じることになるが，税法上では時価評価しないため，税効果会計が必要となる。なお，時価評価した際には，（評価・運用）損益として処理していないため，法人税等調整額は使用しない。有価証券の売却により，含み益が実現した際には，時価評価に伴う差額が（売却）損益として計上されることになる。将来時点で課税所得を増やすことになり，繰延税金負債を用いる。反対に，評価損が生じた場合には繰延税金資産を計上することになる。会計処理上，有価証券の評価差額は翌期首に洗替法により，評価差額が再振替仕訳されることになるので注意する。いずれにせよ，税効果会計を使用することで，課税上と会計上のずれを調整するのである。

8－5. 貸借対照表上における流動負債と固定負債の区分

　負債の項目も資産と同じように基本的に1年基準が適用され，貸借対照表上，流動負債と固定負債に区分され，表示されることになる。まずは企業の経済活動の中で，営業循環の過程にある項目については，流動負債として区分する。買掛金，支払手形，前受金，短期借入金などが流動負債に該当する。ただし，資産の取得にともなう買掛金，支払手形，前受金に関しては，1年基準とは関係なく，正常な営業循環基準にあるものとして流動負債とする。

　一方，営業循環の過程とは関連しない項目に関しては，1年基準が適用されることになる。例えば，借入金や社債などがあげられる。×1年3月末日が決算日の場合，その日から起算して1年以内，つまり×2年3月末日までに支払期日が到来するのであれば，流動負債の区分に，×2年4月以降であれば固定負債に区分されることになる。借入金に関しては，流動負債に区分される場合は，短期借入金，固定負債に区分される場合には，長期借入金となる。社債に関しては，「短期」，「長期」という表現は用いないものの，その支払期日の長

短に従い，区分を変更する。長期借入金，社債以外にも代表的な固定負債としては，将来における従業員の退職に伴い企業が支給する退職給付引当金が挙げられる。

貸借対照表における負債の部

流動負債
支払手形
買掛金
前受金
短期借入金
固定負債
長期借入金
社債
退職給付引当金

注
2　伊藤［2022］387頁。
3　桜井［2023］246頁。

第9節　純資産の概要

9−1. 純資産項目

　ここでは，貸借対照表に区分される純資産を取り上げる。2006年の会社法施行以前は，「資本」として区分されていたが，「**純資産**」は，資産の部や負債の部に該当しないものが表示されるようになった。また，純資産は，「財務会計の概念フレームワーク」では，資産と負債の差額と定義されている。これらと整合するように，ASBJ基準第5号「貸借対照表における純資産の部の表示に関する会計基準」でも，純資産の部は，株主資本と株主資本以外の各項目に区分され，株主資本は，資本金，資本剰余金及び利益剰余金に区分することと

されている。

　貸借対照表において，純資産の部は，貸方に記載され，**株主資本**とその他の要素（**評価差額等，新株予約権**）とに区分される。純資産の中では，株主資本がその中心的項目として認識されるであろう。さて株主資本であるが，これは，純資産のうち報告主体の所有者である株主（連結財務諸表の場合には親会社株主）に帰属する部分をいう。株主資本は，**資本金，資本剰余金，**（資本準備金，その他資本剰余金），**利益剰余金**（利益準備金，その他利益剰余金）から構成される。

　株主資本のうち資本金は，主に株主から株式取得の対価として払い込まれた金額である。ただし，この払い込まれる金額のうち，原則として，資本金として処理されることになるが，会社法上，**払込額の2分の1までは資本金とせず**に，資本準備金として処理することが認められている。この資本準備金は資本剰余金として区分される。

　続いて利益剰余金であるが，**利益準備金とその他利益剰余金**から構成されている。これは株主から拠出された資本や資本剰余金などを運用した結果，獲得された利益から，株主への配当として分配された後の残額である。その他利益剰余金には，繰越利益剰余金，任意積立金が含まれる。繰越利益剰余金は，留保利益の残りの部分であり，任意積立金は，企業が自らの判断で株主総会の決議に基づいて任意で積立てられた利益である。

　純資産項目の中で，株主資本から控除される項目もある。それが**自己株式**の取得である。自社株式を購入して保有することは，発行した株式の払戻しに相当すると考えられる。それゆえ，自己株式の会計処理としては，資本の払戻しとして，純資産において株主資本から控除する項目として計上しなければならない。

　なお，株主資本のうち，資本剰余金と利益剰余金を混同してはならない。これは，企業会計原則における一般原則の「資本と利益の区別の原則」に定められているように，資本取引と損益取引を混同してはならないからである。

9－2. 配　当　制　限

　企業が行う配当の原資としては，剰余金をその範囲として，そこを基礎にして分配可能額が算出される。資本金や準備金からの分配を禁止しており，企業が獲得した利益の蓄積をあらわす利益剰余金から株主への配当原資として限定することが適切であると考えられている。

　ちなみに，株主への配当は，一般的にはその他利益剰余金から支払われることになるが，「その他資本剰余金」も配当の原資にまわすことが認められている。なお，利益剰余金（その他利益剰余金）から配当金が支払われることに対して，会社法の規定に基づき利益準備金が積立てることが強制されている。仮に，その他資本剰余金から配当が行われた場合には，資本準備金を積立てる。積立に関しては，資本準備金と利益準備金が資本金の4分の1に達するまで社外流出額（ここでは配当額）の10分の1の積み立てを行うことが求められている。これは，そもそも株式会社には，株主の有限責任制が採用されていることから，債権者の権利を保証するものが，会社の財産のみであることに起因する。

　しかし，資本と利益の区別を尊重しながらも，実際には，利益剰余金からの株主への配当にも制約を課している。既述のような株主への配当に際しては，繰越利益剰余金などから実施されるが，本来であれば，利益準備金も留保利益であることから分配可能となるはずである。しかし，会社法では利益準備金ならびに資本準備金の法定準備金からの配当について制限している。

貸借対照表上の純資産の表示項目（個別貸借対照表）

Ⅰ　株主資本 　1. 資本金 　2. 資本剰余金 　3. 利益剰余金
Ⅱ　評価・換算差額等
Ⅲ　株式引受権
Ⅳ　新株予約権

9−3. 株主資本の増減

　ここでは，株主資本の中でも，資本金を増減させる取引を中心に取り上げる。企業の資本金を増加させる取引のことを**増資**とよぶ。増資には，いくつかのパターンがある。新規の株式発行がその最たる例である。新たな株式発行としては，株主割当や公募などの方法がある。株主割当の増資は，既存の株主に対して，新株引受権を優先的に付与するものであり，株主が新株予約権を行使することで資本金が増加する。ちなみに**新株予約権**とは，会社に対して一定の期間，あらかじめに決められた価格で株式の交付を請求することができる権利のことである。公募増資は，一般に株式市場で株式を売却することで資金を調達する方法である。このような株式市場から直接的に資金を調達する方法は，直接金融とも呼ばれる。

　株式の発行にともない払い込まれた金額はその全額を資本金に組み入れるのが原則である。しかし，上述のように払い込まれた金額のうち，2分の1までは資本金にしなくてもかまわない。

　一方，資本準備金や利益準備金を資本金に組み入れることによって資本金を増加させる手段もある。その分だけ，資本準備金や利益準備金が減少することになるものの，株主資本の金額そのものは変動しない。株主総会の決議を経ることで，その他資本剰余金，その他利益剰余金も資本金に組み入れることができる。

　減資は，増資とは反対に，企業の資本金を減少させる取引のことを指す。減資は，原則として会社法上，株主総会の特別決議および債権者保護の手続きの実施が課されている。株式会社の特徴である，株主の有限責任制ということを考慮すれば，資本金は債権者の権利保護のために維持すべき必要な株主資本である。そのため，会社法は減資に対して厳しい要件を課しているのである。

9−4. その他評価差額の表示

　純資産は既述のように，株主資本，評価・換算差額等，株式引受権，新株予約権に分類される。このうち評価・換算差額等には，持ち合い株式の時価評価

差額などが含まれることになる。持ち合い株式は，企業同士がお互いに，株式を保有し合い，その株式を売却することはよほどの事情がない限り，実現可能性は低い。こうした株式の性格からも，換金するには制約があるといえる。そのため，売買目的有価証券の時価評価差額とは異なり，持ち合い株式の時価評価差額については，損益計算書の収益として反映させるのではなく，貸借対照表の純資産の部における「評価・換算差額等」に含めることとなっている。これが，「その他有価証券評価差額金」という名称で計上される。この他にも，資産を時価評価した結果，取得原価との差額となる未実現の損益が，株主資本と区別され「繰延ヘッジ損益」,「土地再評価差額金」などとして計上されることになる。

　特に取得時より，期末時価が高い場合には，評価差額は純資産直入法により純資産に直接計上されることになり，期末時価が低い場合には，評価差損として損益計算書に当期の損失として含める部分純資産直入法が採用される。他方，各銘柄別に，評価差益と評価差損を相殺し残額を純資産に計上する方法を全部純資産直入法という。なお，翌期首には，計上した評価差額を洗い替え法に従い，戻し入れることとなる。

9－5. 連結財務諸表における純資産の表示区分

　連結貸借対照表の純資産は，株主資本，その他の包括利益累計額，新株予約権，非支配株主持分に区分表示される。加えて，連結財務諸表には，包括利益の算定及び表示が義務付けられていることから，評価・換算差額等を「その他の包括利益累計額」として表示区分される。

　ちなみに，現在の会計基準では，企業会計基準第25号として「包括利益の表示に関する会計基準」が公表されている。2010年4月以後に開始した年度の年度末における連結財務諸表については，損益計算書とは別に包括利益計算書を作成するか（2計算書方式），もしくは，損益計算書の当期純利益に「その他の包括利益」の項目を加減算することにより包括利益を計算し，表示すること（1計算書方式）が求められている。

また，株式会社の純資産に関して，その期末残高を貸借対照表で区分表示することに加え，各項目の期首残高が期中変動を経て期末残高に至る過程をまとめて報告書にする必要がある。これが，株主資本等変動計算書である。株主資本変動計算書は，従来の利益処分計算書を代替するとともに，純資産の期中変動を網羅的に明示することができる計算書である。

第10節　貸借対照表の意義：取得原価と時価

10−1. 貸借対照表の概要

財務諸表の中でも貸借対照表は，企業が経済活動を行う上で必要な資金を集め，それが借入などによるものか，出資によるものかによって，分けて示すとともに，その資金の運用形態を表示する一覧表である。特に，ある一定時点における企業の資産と負債の残高を表示することになる。この貸借対照表の表示形式には，勘定式と報告式の2種類がある。以下は勘定式のひな型である。

一般的に，有価証券報告書などに採用されている貸借対照表の表示形式は報告式が主流となっている。ここでは貸借対照表に表示される項目について，資金調達の観点から負債，純資産，資産を見ていこう。貸借対照表の貸方に表示される負債は，第8節で見たように簡単に言えば，基本的に借金などの返済義務があるものをあらわし，純資産は，第9節で見たように企業のオーナー（所有者）である株主から拠出された資金と，それを運用して獲得された利益の合計を意味している。

これら貸方側に関して，調達されてきた資金が誰のものなのかという視点でみると，負債は借金を通じて調達したものであることから債権者のものであり，純資産は株主からの拠出されたものであるので，基本的には株主のものとなる。それゆえ，負債は返済しなければならないということから**他人資本**，純資産は株主が拠出したものであり，返済する必要がないものであることから**自己資本**と呼ばれる。

一方，資産が何を意味しているのかというと，貸方側に示された負債や資本

貸借対照表（B/S）（勘定式）

左側に資産

必ず、資産合計額と負債・純資産の合計額が一致

右側に負債
および
純資産

資金の運用状態	I 流動資産 　現金及び預金 　受取手形 　売掛金 　商品及び製品 　短期貸付金 　未収入金 　など	I 流動負債 　支払手形 　買掛金 　借入金 　など
		II 固定負債 　長期借入金 　社債 　退職給付引当金 　など
	II 固定資産 　有形固定資産 　　建物 　無形固定資産 　　のれん 　投資その他の資産 　　長期貸付金 　　投資有価証券 　など	純資産 　I 株主資本 　　資本金 　　資本剰余金 　　　資本準備金 　　　その他資本剰余金 　　　利益剰余金 　　　　利益準備金 　　　　その他利益剰余金 　II 評価・換算差額等
	総資産合計	負債・純資産合計

資金の調達源

などとして調達された資金をいかに運用しているのかを示していることにな
る。つまり，調達された資金をもとに，商品，備品や車両運搬具を購入したこ
とを示しており，それらが資産項目として計上されている。したがって，資産
は調達してきた資金の運用形態，あるいはその使い道を示しているといえよ
う。貸借対照表における項目について等式で示すと，次のようになる。

〈貸借対照表等式〉

$$資産＝負債＋純資産（資本）$$

これは貸借対照表等式と呼ばれる。貸借対照表の表示と同じく，左（左辺）

に資産，右（右辺）に負債と純資産（資本）が記載され，常にこの等式が成立する。つまり，資産合計額は，負債合計額と純資産合計額を加えたものになることがわかる。

10-2. 貸借対照表の表示区分

　上記で取り上げたような，資産，負債，純資産が意味するところを解説してきたが，続いては，貸借対照表における表示形式について確認しよう。まず記載される金額であるが，貸借対照表においては，資産，負債，純資産の金額はそれぞれ総額主義で記載されることとなっている。たとえば，資産項目の売掛金と負債項目の買掛金を相殺して，その残額のみを売掛金，あるいは買掛金として表示してはいけないこととなっている。ただし，資産に計上される売掛金と，それに対して設定された貸倒引当金を相殺して，残高の売掛金を表示し，貸倒引当金については注記することが企業会計原則で認められている。これは，貸借対照表の外観性を高めるためである。

　さらに，貸借対照表では借方に資産として**流動資産，固定資産，繰延資産**，貸方に負債として**流動負債，固定負債**，さらに**純資産**に区分表示することになっている。これらのうち，資産と負債に関する区分表示は，7-2で説明したように，営業循環基準と1年基準に基づいて実施されている。営業循環基準とは，通常の企業活動における営業サイクルに基づき，営業サイクルの中にある資産や負債は，流動資産ないし，流動負債とする基準である。

　また，1年基準とは，決算日から起算して，1年以内に支払期日が到来するものについては，資産に関しては流動資産，負債に関しては流動負債として区分表示をし，1年を超えて支払期日が到来するものに関しては，固定資産，あるいは固定負債として区分表示する方法である。

　これら2つの基準を併用して，貸借対照表に計上する項目を流動，固定として分類する。実際に，最初のステップとして，営業循環のプロセスにある項目については，流動項目として判断し，次のステップとして，営業循環基準に基づいて判断できない項目を，1年基準を適用することになる。

　さらに，貸借対照表上の並び順についても取り上げておこう。上述したような，流動資産，固定資産や流動負債，固定負債の並びには，**流動性配列法**と**固定性配列法**がある。流動性配列法とは，資産，負債ともに流動性の高い項目，すなわち換金可能性の高いものから順番に配列する方法である。したがって，資産の項目は現金に交換しやすいものから順番に並べ，負債については返済の期日が到来するのが早いものから順番に並べる方法である。この方法によれば，企業の流動負債を流動資産で支払えるかどうかを確認できることもあって，多くの企業では，流動性配列法が採用されている。

　一方で，固定的な項目の順番で配列する方法を固定性配列法とよぶ。この方法に従えば，資産は固定資産，流動資産，負債は固定負債，流動負債の順番で配列されることになる。固定資産の割合が極めて高い電力会社などで固定性配列法が採用されている。というのも，長期的な資産運用形態（資金の使途）である固定資産と，同様に長期的な資金調達源泉である固定負債や純資産との関係を明確にする上で，都合が良いとされるからである。

　純資産の内訳としては，第9節で説明したように株主資本，評価・換算差額等，新株予約権に区分表示される。株主資本は，さらに資本金，資本剰余金，利益剰余金に分類されることになる。

10 − 3.　取得原価と時価

　資産を測定する上で，評価方法が異なることで，貸借対照表の資産の金額も異なる。その結果，企業の利益の金額もまた影響を受けて，異なることになるのである。そのため，**取得原価**と**時価**という資産の評価基準は，しばしば制度設計における論点の1つとなってきた。そのような中で，わが国の会計基準は従来，取得原価を資産評価の基本としてきた。現在では，新たに会計基準の新設や変更などもあり，時価評価する項目の割合も増えてきており，取得原価と時価が併用されている状況である。例えば，会計制度に詳しい財務会計書である桜井［2023］でも述べられるように，原材料，建物，備品，車両運搬具，機械装置，工具などの**事業用資産**には，原則として取得原価が適用されている

が，売買目的の有価証券などのような**金融資産**の評価としては，現在の市場価格を中心とした時価が適用されている[4]。

　ちなみに，**棚卸資産の評価**としては，企業会計基準第9号「棚卸資産の評価に関する会計基準」において取得原価と時価を比較して，時価が取得原価よりも下落している場合には，時価を適用するという**低価基準**が採用されている。販売目的で保有する棚卸資産のうち，取得原価で貸借対照表価額とする一方，仮に，期末の時価が取得原価より下落した場合には，その時価を用いて，貸借対照表価額とする。ここでいう時価は，**正味実現可能価額（見積売価－アフターコスト）**となる。

　ただし，時価といっても，複数あることに注意しなければならない。観察可能な市場価格だけでなく，合理的に算定された将来キャッシュ・フローの割引現在価値も公正な評価額として，会計基準で示されている。そのため，時価という用語とともに，**「公正価値」**（fair value）という用語が主に2000年前後から2010年代後半まで用いられる傾向にあった。現在は企業会計基準（ASBJ基準）第30号「時価の算定に関する会計基準」が2019年に公表されたこともあり，公正価値という用語が基本的には使用されず，時価という用語に置き換えて使用されていることが見て取れる。このことは，IFRSでは公正価値という用語が使用されているが，わが国の当該基準では時価を使用している（ASBJ基準第30号25項）ことが明記されていることからもうかがえるのである。なお，ASBJ基準第30号は，金融商品とトレーディング目的の棚卸資産の適用に限られる。

注
　4　桜井［2023］87-88頁。

第11節　発生主義会計と資金計算

11 − 1. 資金計算の意義

　今日の企業会計において採用されている利益計算方法は発生主義会計である。他方，現金主義会計では，収益と費用を現金の収入および支出に基づいて認識する。一般的に家計簿やお小遣い帳などで使用される上では，現金収支の把握ができれば十分であるが，企業会計の場合には，現金主義会計であると，都合が悪い。現金主義会計は適切な収益と費用の対応が困難である。さらに収益が，現金の収入時まで認識されないことから，収益の認識が不必要に遅れてしまう。結果的に，適切な利益計算が行われないのである。そのため，現在の企業会計においては，発生主義会計が採用されている。

　とはいえ，発生主義会計を採用すれば，何も問題がないというわけでもない。それを象徴する言葉として，「**黒字倒産**」という言葉がしばしばあげられる。一度は聞いたことがあるかもしれないだろう。仮に，聞いたことがない場合には，会計学を勉強するうえでは，ぜひここで理解してもらいたい。

　一般的に，損益計算書上に損失が計上されることを赤字と呼ぶが，その反対に利益がでていれば（計上される場合には），黒字と呼ぶ。黒字は，表面上は，企業の財務的健全性に問題があるとは思われにくい。

　しかし損益計算書上の利益の金額とは相反して，現金が不足し，会社が倒産の危機に陥る可能性もあるかもしれない。例えば，実際は赤字に陥りそうな会社が，（GAAP：一般に公正妥当と認められる会計基準等の範囲内とはいえ）会計処理を駆使して，（いわゆる利益マネジメントを通じて）利益を創出し黒字にしたものの，もとより資金繰りが悪く，債務不履行を起こしてしまう場合などには，黒字倒産になりかねない。つまり，黒字であるのに，資金繰りに困り支払余力がなければ会社が倒産してしまうことも起こりうるのである。企業の利益の多寡だけでは財務上の安全性は判断できない。

　ちなみに，資金繰りに困る……とは，商品仕入に伴い振り出された手形や買

掛金の決済の期日が到来した際に，その代金に見合う分だけの現金及び預金などがない場合のことを指している。手形の代金が落ちないのであれば，手形が不渡りになってしまい，会社は倒産してしまうであろう。したがって，会社の売り上げがたくさんあったとしても，代金そのものが未回収の場合に，手持ちの現金が不足してしまうと，こうした危険性が高まるのである。他にも，売上高などに釣り合わないような多額の設備投資や現金の支出を多く行った場合などに起こることもあるかもしれない。

　それゆえ，会社を運営していくうえで，損益計算書上に計上される利益の金額も大事であるが，これに加えて，手許の現金有高や現金の入出金状況の確認や売り上げなどに伴う資金的な裏付けを行っていくことも重要となってくる。

11－2. 資金的裏付けを示すキャッシュ・フロー計算書の導入

　さて，上述のように，発生主義会計において計上される利益について，**資金的裏付け**を示すことも重要である。この資金的裏付けを示す報告書が，キャッシュ・フロー計算書であるといえる。資金的な裏付けを示すとともに，キャッシュ・フロー情報は，比較的，経営者の裁量を受けにくいようなものとなっており，資金繰りを示す情報としても有用であると考えられる。

　1997年6月に，企業会計審議会から「連結財務諸表制度の見直しに関する意見書」が出され，連結情報重視の観点から連結ベースのキャッシュ・フロー計算書が導入される運びとなった。1998年3月には「連結キャッシュ・フロー計算書等の作成基準」が公表され，2000年3月期より日本企業は，財務諸表の1つとしてキャッシュ・フロー計算書を作成することが要請されるようになっている。

　ただし，キャッシュ・フロー計算書の作成に関して，**金融商品取引法**のディスクロージャー制度の適用を受ける企業は，連結キャッシュ・フロー計算書の作成が義務付けられているが，親会社単体でのキャッシュ・フロー計算書の作成までは義務付けられていない。また，会社法上もキャッシュ・フロー計算書の作成は義務化されていない。

第12節　キャッシュ・フロー計算書の構造

12−1.　キャッシュ・フロー計算書の表示

　前節では，キャッシュ・フロー計算書が導入されたプロセスなどについて触れてきた。続いて，キャッシュ・フロー計算書の表示，作成方法等について取り上げていくこととする。キャッシュ・フロー計算書とは，企業の現金収入と支出に関する情報を記載した計算書である。これにより，企業集団の一会計期間におけるキャッシュ・フローの状況を報告することができる。

　ここでいう**現金**あるいは**資金**とは，現金及び現金同等物をさしている。現金は，手許現金，当座預金，普通預金，通知預金である。現金同等物は，換金可能性が高く，価値の変動について僅少なリスクしか負わない短期的な投資である。

　こうした資金の期首残高から期末残高への金額の推移について，キャッシュ・フロー計算書は，期中の変動を明らかにしながら表示する報告書である。資金の変動をわかりやすく表示するためには，企業活動の区分を通常，**営業活動**，**投資活動**，および**財務活動**の3種類に分けることになる。

　営業活動とは，企業が営む本来の営業活動を指しており，財貨および用益の提供から収入や受取利息などの収入などがこれにあたる。加えて，製造用の原材料などの取得のための支出が挙げられる。また，投資活動には，有形固定資産や有価証券の取得に基づく支出，有価証券の売却などによる収入，貸付金の回収などが該当する。財務活動には，会社の資金調達のための，株式，社債の発行や資金の借り入れ，借入金の返済や社債の償還などが該当する。

　上記のように，キャッシュ・フローは営業活動によるキャッシュ・フロー，投資活動によるキャッシュ・フロー，財務活動によるキャッシュ・フローに分けられるのである。

12－2. キャッシュ・フロー計算書の作成方法：直接法と間接法

　キャッシュ・フロー計算書の作成方法であるが，これには直接法と間接法の2通りがある。違いとしては営業活動によるキャッシュ・フローの表示方法が異なっていることが挙げられる。

　直接法とは，期中におけるキャッシュ・フロー，つまり収入額と支出額を，取引ごとに記載していく作成方法である。そのため，資金たる資産の勘定に記載された期中の増減記録を用いて作成する。具体的には，営業活動として行われた，商品の販売代金の受取りや利息・配当金の受取りなどの入金総額から，原材料費の購入代金や金利の支払総額を控除して算出されることになる。それから，投資活動によるキャッシュ・フローとして有価証券や有形固定資産の取得等に関する支出や収入を記載し，財務活動によるキャッシュ・フローとして，借入等により調達した資金額，配当金の支払いなどを記載する。それによって，企業における収入総額と支出総額を算出し，総額でもって表示することができる。これが直接法によるキャッシュ・フロー計算書の作成となる。

　間接法とは，発生主義会計で求められた損益計算書の当期純利益に，非資金損益項目（実際に現金の収入や支出を伴わない収益，費用）と営業活動にかかる資産及び負債の増減額を加減算するなど，所定の調整を加えることによりキャッシュ・フロー情報を作成する方法である。したがって，現金の期中の変動額が当期純利益を出発点として現金以外の資産や負債の期中変動額を調整した金額と等しくなることを示していく。そのため，例えば，代表的な非資金的費用の1つである減価償却費や貸倒引当金の増加額などを当期純利益に加算し，そこから売掛金の増加額，棚卸資産の増加分を控除する。これにより，営業活動のキャッシュ・フローが計算されることになる。なお，直接法で作成した場合と，間接法による営業活動のキャッシュ・フローの合計額は等しくなる。

　それから，直接法と同様に，投資活動によるキャッシュ・フローとしての有形固定資産である備品の購入による支出額などを控除し，財務活動によるキャッシュ・フローとして，借入金などによる資金の増加等を加味していく。

キャッシュ・フロー計算書（直接法）

I営業活動によるキャッシュ・フロー	
1．営業収入 　2．原材料又は商品の仕入による支出 　3．人件費の支出 　4．その他の営業支出	＋ － － －
小計	
5．利息・配当金の受取額 　6．利息の支払額 　7．法人税等の支払額	＋ － －
営業活動によるキャッシュ・フロー	
II投資活動によるキャッシュ・フロー	
1．有価証券の取得による支出 　2．有価証券の売却による収入 　3．有形固定資産の取得による支出 　4．有形固定資産の売却による収入 　5．貸付による支出	－ ＋ － ＋
投資活動によるキャッシュ・フロー	
III財務活動によるキャッシュ・フロー	
1．短期借入金による収入 　2．社債および長期借入金による収入 　3．社債および長期借入金の返済 　4．配当金の支払	＋ ＋ － －
財務活動によるキャッシュ・フロー	
IV現金および現金同等物に係る換算差額	
V現金および現金同等物の増減額	
VI現金および現金同等物の期首残高	
VII現金および現金同等物の期末残高	

いずれにせよ，投資活動によるキャッシュ・フロー，財務活動によるキャッシュ・フローは，直接法と同じになる。

　さて，上記のようにキャッシュ・フロー計算書の作成方法には2通りがあるが，日本の会計基準では，直接法と間接法について選択適用が認められており，現在，多くの企業においては間接法が採用されているのが現状である。

　この背景として考えられるのが，桜井［2023］でも言及されているような次の事情があると考えられる。直接法を採用した場合には，現金収支が総額で表

キャッシュ・フロー計算書（間接法）

Ⅰ営業活動によるキャッシュ・フロー	
1. 税引前当期純利益	
2. 減価償却費	＋
3. 貸倒引当金の増加額	＋
4. 売上債権の増減額	－（＋）
5. 棚卸資産の増減額	－（＋）
小計	
5. 利息・配当金の受取額	＋
6. 利息の支払額	－
7. 法人税等の支払額	－
営業活動によるキャッシュ・フロー	
Ⅱ投資活動によるキャッシュ・フロー	
1. 有価証券の取得による支出	－
2. 有価証券の売却による収入	＋
3. 有形固定資産の取得による支出	－
4. 有形固定資産の売却による収入	＋
5. 貸付による支出	－
投資活動によるキャッシュ・フロー	
Ⅲ財務活動によるキャッシュ・フロー	
1. 短期借入金による収入	＋
2. 社債および長期借入金による収入	＋
3. 社債および長期借入金の返済	－
4. 配当金の支払	－
財務活動によるキャッシュ・フロー	
Ⅳ現金および現金同等物に係る換算差額	
Ⅴ現金および現金同等物の増減額	
Ⅵ現金および現金同等物の期首残高	
Ⅶ現金および現金同等物の期末残高	

示されることもあって，多くの手数がかかってしまう。一方，間接法の場合には発生主義会計で算出された当期純利益から間接的に企業のキャッシュ・フローを求めていくので，当期純利益とキャッシュ・ベースで作成された資金収支との関係を明らかにしやすいという長所がある[5]。このような理由からも間接法が採用されやすいとも考えられるであろう。

第13節 企業結合と連結財務諸表

13－1．企業結合会計

　昨今，M&A（合併と買収），事業承継等が頻繁に実施されている様相が報道などから知ることができる。ここでは，M＆Aを通じた企業結合や連結に関する会計上の取り扱いに焦点を当てる。なお，以下でもASBJ基準などを材料にしながら，桜井［2023］，伊藤［2022］などの先行研究に基づいて整理する。

　企業結合とは，ある企業又はある企業を構成する事業と他の企業又は他の企業を構成する事業とが1つの報告単位に統合されることを指す。企業結合の代表的な方法が，会社の**合併**である。合併は2つ以上の会社が法的に1つの会社になることを意味している。この合併には「**持分の結合**」と「**取得**」という2つのパターンがある。

　持分の結合は，合併に際して，結合当事企業の持分が継続していると考えられるため，結合当事企業の貸借対照表の各項目を帳簿価額で引き継ぐことになる。

　一方，持分の継続が立たれる「取得」の場合は，被取得企業の株主がいったん投資を清算し，改めて資産・負債を時価で測定した再投資額によって取得企業に現物出資したと考えられる。この方法は経済的実体を反映する会計処理法として「**パーチェス法**」と呼ばれる。

　現在，わが国でもパーチェス法が原則，適用され，企業結合会計に関する会計処理として，ASBJ基準21号「企業結合に関する会計基準」，基準7号「事業分離等に関する会計基準」などに基づいて行われる。原則として採用されているパーチェス法では，既述のように，資産，負債を時価評価して引き継ぐこ

とになり，その対価がのれんとなる。この合併時には，被合併会社の株主に対して，新たに合併会社の株式が発行されることで，資本金や資本準備金として処理されることになる。

13－2. 合併時の仕訳

　合併時の条件により，いくつかの取引仕訳が考えられるが，下記は，存続会社（取得企業）が消滅会社（被取得企業）を合併するに際して，存続会社の仕訳を簡便に示したものである。諸資産と諸負債は時価評価が行われ，合併時に新たに発行された株式については，資本金（および資本準備金）として計上されることになる。下記の仕訳にあるように貸借の差額として，借方には（正の）のれんが計上されて，貸借が一致をすることになる。

取得企業における合併時の仕訳（パーチェス法）

（借）諸資産　×××　（貸）　諸負債　　　×××

　　　のれん　×××　　　　　資本金　　　×××

　　　　　　　　　　　　　　資本準備金　×××

　のれんは被取得企業が有する超過収益力として認識され，無形固定資産として取得企業の貸借対照表に反映される。のれんは，最長20年にわたり規則的に償却されることになる。

　合併の他にも，**株式交換**，**株式移転**という合併と同じような効果を生じる取引がある。会社法によると，**株式交換**は，取得企業（株式交換完全親会社）のP社が被取得企業（株式交換完全子会社）のS社の株主からS社株式の全部を受け取るのと交換に，取得企業のP社の株式を交付する制度を指している。また，**株式の移転**は，（株式移転設立完全）親会社のP社が新設会社の場合を指す。

　以前は，純粋持株会社は事業支配力の過度の集中を防止するために独占禁止法により，禁止されていたが，1997年に同法の改正によって解禁されるに至った。総資産に子会社株式が占める割合が50％を超えると，独占禁止法9条にお

ける持株会社となる。現在，上場会社でも数多くの大企業が純粋持株会社を設
立して，子会社を含む企業グループをまとめる様相が見られる。

13－3.　連結財務諸表の制度

（1）連結財務諸表原則と会計基準

　連結財務諸表は，個別財務諸表（単体の財務諸表）を総合して作成される。
財務諸表の種類としては，連結貸借対照表，連結損益及び包括利益計算書（ま
たは連結損益計算書及び連結包括利益計算書），連結株主資本等変動計算書，連結
キャッシュ・フロー計算書，連結付属明細表が挙げられる。

　こうした連結財務諸表は，支配従属関係にある2つ以上の企業からなる集団
（企業集団）を単一の組織体とみなして，親会社が当該企業集団の財政状態，
経営成績及びキャッシュ・フローの状況を総合的に報告するために作成される
ものである（ASBJ基準第22号1項）。ちなみに，**親会社**は支配している側を指
し，**子会社**は支配されている側を指している。

　連結財務諸表の作成に当たっては，企業会計基準第22号「連結財務諸表に
関する会計基準」と企業会計基準第16号「持分法に関する会計基準」に基づ
いて行われるのだが，我が国における連結会計の始まりは，連結財務諸表原則
が企業会計審議会から1975年に公表された時までさかのぼる。同原則に基づ
き，1977年4月1日以降に開始される事業年度から当時の証券取引法（現金融
商品取引法）の適用会社に対して強制適用されることとなり，連結財務諸表の
開示が義務化されることになった。その後，1997年に「連結財務諸表制度の
見直しに関する意見書」が公表され，個別財務諸表よりも連結財務諸表が優先
されるようになっている。

　2001年に企業会計基準委員会（ASBJ）が設立され，ASBJが我が国における会
計基準の設定主体となって以降，連結会計に関連する会計基準が随時公表され
ていく。特に，連結財務諸表の作成に適用される企業会計基準第22号「連結
財務諸表に関する会計基準」が2008年（平成20年）に公表され，2013年（平成
25年）の改正会計基準が公表された。ASBJ設立以後，連結会計にも関連する

連結財務諸表に関する主な規程

1975年 （昭和50）	連結財務諸表原則	企業会計審議会	負債の区分に少数株主持分を表示
1997年 （平成9）	連結財務諸表制度の見直しに関する意見書（連結財務諸表原則）	企業会計審議会	負債と資本の間に独立表示 親会社説
2008年 （平成20）	企業会計基準第22号 連結財務諸表に関する会計基準	ASBJ	部分時価評価法を削除したが，基本的に親会社説を踏襲
2013年 （平成25）	改正	ASBJ	少数株主持分から非支配株主持分に変更 株主資本と区別して表示

会計基準（第5号「貸借対照表の純資産の部の表示に関する会計基準」，第16号「持分法に関する会計基準）など）もいくつか作成，公表されている。

(2) 金融商品取引法と会社法からの法規制

連結財務諸表の開示に関しては，金融商品取引法と会社法において規制が課されている。**金融商品取引法**では，**有価証券報告書**の作成と開示が要請される親会社に対して，決算期ごとに連結財務諸表を作成し，有価証券報告書の中で開示することを義務付けている。法定開示として有価証券報告書の作成に加えて，現在（2023年9月時点）は四半期ごとの有価証券報告書（四半期報告書）の作成も金融商品取引法適用会社に義務付けられている。なお，連結財務諸表の内容，形式などには「連結財務諸表の用語，様式及び作成方法に関する規則」，四半期財務諸表に関しては「四半期財務諸表等の用語，様式及び作成方法に関する規則」などが適用される。

有価証券報告書の内容であるが，通期（年次）の場合，「企業の概況」，「事業の状況」，「設備の状況」，「提出会社の状況」，「経理の状況」，などが含まれており，第5の「経理の状況」に連結財務諸表が含まれることになっている。具体的には，連結貸借対照表（年次・四半期），連結損益計算書（年次・四半期），包括利益計算書（年次・四半期），連結株主資本等変動計算書（年次のみ），連結キャッシュ・フロー計算書（年次・四半期），連結付属明細書（年次のみ）

が含まれている。開示のタイミングは，決算から起算して3か月以内に開示されることが要求されている。一般的に多くの上場会社でホームページのIR（投資家向け広報）で公開されているとともに，利害関係者を含む誰しもがEDINETでも確認することができるようになっている。

　かたや**会社法**では，大会社のうち金融商品取引法の適用対象会社は，連結貸借対照表，連結損益計算書，連結株主資本等変動計算書，連結注記表を**連結計算書類**として株主に報告することが要請されている。連結計算書類は，株主総会に提出される前に，監査人と監査役会（あるいは，企業統治の違いによっては，監査委員会，監査等委員会）の監査を受けたのち，取締役会の承認を受けることになっている。

　なお，金融商品取引法とは異なり，会社法では連結包括利益計算書と連結キャッシュ・フロー計算書の作成開示は要求されていない。また，四半期の連結計算書類の作成も要求されていない。

（3）適時開示と決算短信

　他方，法定開示ではないが，適時開示として決算短信の作成・開示が証券取引所によって上場会社に求められている。決算短信は，その速報性に一つの特徴があり，証券取引所が上場会社に対して決算日から起算して45日以内の開示が求められている。そのため，上場会社の中には，決算日後，数日で決算短信を開示する企業も見受けられる。

　有価証券報告書と同様に，上場会社の多くはIRとして，ホームページ上でも公開している。決算短信の内容としては，業績概況として，経営成績や財政状態に関するサマリー情報（例えば，売上高，各種利益，財務指標など），そして連結財務諸表などが含まれている。ただし，有価証券報告書との相違点の一つとして，決算短信には公認会計士などによる監査や四半期レビューが義務付けられていないことが挙げられる。

　我が国における四半期財務報告をめぐる報道によれば（2023年10月現在），現在の政権下で金融商品取引法改正により，特に，金融商品取引法適用会社が作成してきた「四半期報告書」のうち第1，第3四半期のものが廃止の方向と

なっている。その背景の1つとして「決算短信」との重複とともに，実務上の負担などがあるとされている。

13−4. 連結基礎概念

連結財務諸表の作成に関する連結基礎概念として，**親会社説，経済的単一体説**にわけられる。連結基礎概念は，連結財務諸表は，だれのために作成されるのか，という基本的な考え方であり，ASBJ基準第22号「連結財務諸表に関する会計基準」にも，この二つが明示されている。

親会社説に基づけば，親会社の株主のために連結財務諸表が作成され，**経済的単一体説**に基づけば，支配株主である親会社と非支配株主をあわせたすべての企業集団の利害関係者を対象として，その財務諸表が作成されることになる。

そのため，両者の考え方における違いは，非支配株主資本の取り扱いなど，連結財務諸表の表示にも影響を及ぼすことになる。例えば，親会社説では，親会社の株主の持分のみが株主資本として，経済的単一体説では，企業集団を構成するすべての連結会社の株主の持ち分を株主資本として反映させるという違いをもたらす。

我が国では，今までのところ連結財務諸表により提供される情報が主として，親会社の投資者を対象とするものであると考えられてきた。これに加えて，会計処理方法が企業集団の経営をめぐる現実感覚をより適切に反映すると考えられるということを背景に，親会社説が採用されている（ASBJ基準22号）。

以下は，連結貸借対照表と連結損益計算書，包括利益計算書のひな型である。

連結貸借対照表のひな型

I 流動資産 　　現金及び預金 　　受取手形 　　売掛金 　　契約資産 　　商品及び製品 　　仕掛品 　　貸付金 　　など	I 流動負債 　　支払手形 　　買掛金 　　借入金 II 固定負債 　　長期借入金 　　社債 　　退職給付に係る負債
II 固定資産 　　有形固定資産 　　　建物 　　無形固定資産 　　　のれん 　　投資その他の資産 　　　長期貸付金 　　　投資有価証券	純資産 　　株主資本 　　　資本金 　　　資本剰余金 　　　利益剰余金 　　その他の包括利益累計額 　　株式引受権 　　新株予約権 　　非支配株主持分
総資産合計	負債・純資産合計

連結連結損益計算書のひな型

売上高（収益）	×××
売上原価（費用）	×××
売上総利益	×××
販売費及び一般管理費（費用）	×××
営業利益	×××
営業外収益（収益）	×××
営業外費用（費用）	×××
経常利益	×××
特別利益（収益）	×××
特別損失（費用）	×××
税金等調整前当期純利益	×××
法人税，住民税及び事業税（費用）	×××
法人税等調整額（費用）	×××
法人税等合計	×××
当期純利益	×××
非支配株主に帰属する当期純利益	×××
親会社株主に帰属する当期純利益	×××

連結連結損益計算書のひな型

売上高（収益）	×××
売上原価（費用）	×××
売上総利益	×××
販売費及び一般管理費（費用）	×××
営業利益	×××
営業外収益（収益）	×××
営業外費用（費用）	×××
経常利益	×××
特別利益（収益）	×××
特別損失（費用）	×××
税金等調整前当期純利益	×××
法人税，住民税及び事業税（費用）	×××
法人税等調整額（費用）	×××
法人税等合計	×××
当期純利益	×××
非支配株主に帰属する当期純利益	×××
親会社株主に帰属する当期純利益	×××

連結包括利益計算書のひな型

当期純利益	×××
その他の包括利益合計	×××
包括利益	×××
（内訳）	
親会社株主に係る包括利益	×××
少数株主に係る包括利益	×××

P/Lの当期純利益算出に続けて「その他の包括利益」を合算する方式（1計算書方式）と別書面で包括利益計算書を作成する方法（2計算書方式）とがある

13－5. 連結の範囲と連結子会社

　連結財務諸表の作成に関する基本的なルールなどについても確認していく。ASBJ基準第22号の中では，「連結財務諸表作成における一般原則」が示され，それに続いて「連結財務諸表作成における一般基準」として，連結の範囲，連結決算日，親会社及び子会社の会計方針が示されている。

　この一般原則（ASBJ基準第22号9-12項）としては，個別財務諸表に基づいて連結財務諸表が作成されるという原則に加え，企業会計原則と同様に，連結財

務諸表に関して，企業集団の財政状態及び経営成績に関して真実な報告を提供するもの，企業集団の状況に関する判断を誤らせないよう，利害関係者に対し必要な財務情報を明瞭に表示するもの，連結財務諸表作成のために採用した基準及び手続は，毎期継続して適用し，みだりにこれを変更してはならないことが求められている。なお，ここで，連結財務諸表は，会計帳簿に基づいて作成されるのではなく，前提として，個別の財務諸表をベースに修正を行うということに注意する必要がある。さらに，個別の財務諸表は，一般に公正妥当と認められる企業会計の基準に準拠していることが要請される。

　連結財務諸表を構成する個別の財務諸表を組み込むうえで，親会社は原則として子会社すべてを連結の範囲に組み込むことになる。ただし，例外として，支配が一時的である場合や，連結の範囲に含むことで，利害関係者の判断を著しく誤らせる恐れのある場合には，**非連結子会社**となる（ASBJ基準22号13，14項）。

　こうした子会社を連結の範囲に組み込む際に，如何にして判断するべきなのか。1997年（平成9年）以前には，子会社に含めるかどうかの判断基準として，持株基準が採用されていたが，1997年の連結財務諸表原則の改正においては，**支配力基準**へと変更がなされている。

　持株基準は，親会社が直接，間接的に議決権の過半数を所有しているか否かということで，機械的に判断するものである。しかしながら，所有権の割合が，100分の50以下であっても実質的に会社を支配している場合もあると考えられる。その際には，被支配会社を連結財務諸表の範囲に含まないことになり，企業集団の情報の有用性に欠けることになると考えられた。その結果，議決権の所有割合以外の要素も加味した支配力基準が採用されるに至った。それに伴い，2013年（平成25年）のASBJ基準第22号の改正基準において，**少数株主持分**についても**非支配株主持分**へと表示方法が変更されている。

　あわせて，従来のASBJ基準第22号の連結会計基準で示された「少数株主損益調整前当期純利益」は「当期純利益」として表示されることになり，連結損益計算書の表示の変更が行われている。このことは，2015年以前における連

結損益計算書のボトムラインとして計上された当期純利益の意味合いが変わったことになり，現在の「当期純利益」は，親会社株主に帰属する当期純利益と非支配株主に帰属する，すべての株主帰属する当期純利益の合計ということになる。

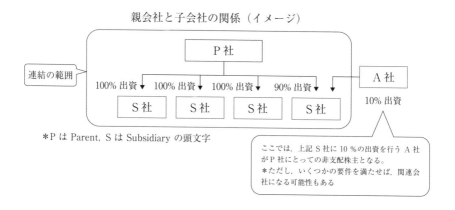

親会社と子会社の関係（イメージ）

＊P は Parent，S は Subsidiary の頭文字

ここでは，上記 S 社に 10 ％の出資を行う A 社が P 社にとっての非支配株主となる。
＊ただし，いくつかの要件を満たせば，関連会社になる可能性もある

13－6．連 結 手 続 き

（1）連結のための修正仕訳

　実際の連結財務諸表を作成するための連結手続き，とりわけ，連結貸借対照表と連結損益計算書の作成について概観しておく。まず，連結手続きとして，基本的には上述したような企業集団における親会社および子会社の個別の貸借対照表を合算していき，そこから必要な連結のための修正を行うことになる。連結財務諸表の会計処理の中で重要な手続きの一つが，親子（会社）間における**投資と資本の相殺消去**（資本連結ともいう）である。親子関係が成立している一方，企業集団としての単一の財務諸表を作成する。そのためには，親会社及び子会社の個別財務諸表における資産，負債及び純資産の金額を基礎として，子会社の資産および負債の評価，連結会社相互間の**投資と資本**及び**債権と債務の相殺消去等**の処理を行って作成する（ASBJ基準第22号18項）。

　一方で，**連結損益計算書**に関しては，連結会社における相互での**取引高の相**

殺消去，**未実現損益**の消去等を行う必要がある。親子会社間で合算した場合に，会計単位として内部取引によって生じている，売掛金や買掛金は消去する。相互での商品売買取引や，それに基づく在庫商品の未実現利益なども消去する必要がある。具体的には親会社から子会社への販売（ダウンストリーム）などで生じた売上高，売上原価，そして，在庫の商品に含まれる未実現利益が対象となる。これらを相殺消去することで，内部取引により生じる二重の取引が取り除かれることになるのである。

　上記のような手続きを経て作成されることになる財務諸表としては，親会社が支配を獲得した時（支配獲得日）は，連結貸借対照表のみが作成され，支配獲得日以後には，連結貸借対照表，連結損益及び包括利益計算書（連結包括利益計算書），連結株主資本等変動計算書などが作成されることになる。連結財務諸表の作成に関する期間は1年としており，日付となる**連結決算日**としては，親会社の会計期間に基づいて，年一回一定の日をもって決算日とすることが決められている（ASBJ基準第22号15項）。

(2) 非支配株主持分の表示

　親会社の所有割合が100％に達していないときには，子会社には，当該親会社以外の別の株主が存在することになる。上述した，基礎概念の違いによって，この非支配株主持分の取り扱いが変わるわけだが，どのような影響があるのだろう。

　1997年（平成9年）の連結財務諸表原則以前においては，少数株主持分は，負債の部に計上されていた。平成9年に改訂された「連結財務諸表原則」では，負債と資本の中間区分として独立表示されることになった。その後，2005年（平成17年）の純資産会計基準の公表に伴い，少数株主持分は，「純資産」の区分へと変更になり，さらに，2013年（平成25年）の改正会計基準では，少数株主持分から非支配株主持分に表示も変更されている。その際に，株主資本と区別して記載されることにもなった。

　なお，少数株主という表現から，非支配株主という表現への変更であるが，議決権の半数を取得していなくても，取締役の派遣，融資，技術の提供などを

通して，実際には他社を親会社として支配しているケースも想定されることから，より正確な表現とする必要があったことに起因している。これに伴い，「少数株主損益」も「非支配株主に帰属する当期純利益」に変更されている（ASBJ基準第22号55項-2）。

(3) 持分法の会計

持分法は，企業会計基準第16号「持分法に関する会計基準」にて，その取扱いが示されている。持分法の対象は，**非連結子会社**及び**関連会社**となる。「関連会社とは，企業（当該企業が子会社を有する場合には，当該子会社を含む。）が，出資，人事，資金，技術，取引等の関係を通じて，子会社以外の他の企業の財務及び営業又は事業の方針の決定に対して重要な影響を与えることができる場合における当該子会社以外の他の企業（第16号第5項）」を指している。支配力基準のもとでは，議決権の20％を所有しているか否かにかかわらず，既述のような実質的に企業の財務及び営業又は事業の方針の決定に対して影響を与えているかで判断される。

持分法の会計処理として，これらの会社の損益を議決権の所有割合に応じて，連結損益計算書の営業外損益の区分に計上することになる。

引用・参考文献

伊藤邦雄［2022］『新・現代会計入門第5版』日本経済新聞出版社。

岩崎勇ほか［2016］「研究グループ報告 IFRS の概念フレームワークについて」『国際会計研究学会年報』2016年度第1・2合併号，109-121頁。

梅原秀継［2022］『財務会計論』白桃書房。

黒川行治［1998］『連結会計』新世社。

神戸大学会計学研究室編（2008）『第6版会計学辞典』同文舘出版。

斎藤静樹編著［2007］『詳解「討議資料・財務会計の概念フレームワーク」』中央経済社。

斎藤静樹［2013］『会計基準の研究増補改訂版』中央経済社。

桜井久勝［2023］『財務会計講義第24版』中央経済社。

桜井久勝・須田一幸［2022］『財務会計・入門第15版－企業活動を描き出す会計

情報とその活用法』有斐閣。

資格の大原簿記講座［2021］『日商簿記 2 級課程商業簿記テキスト』大原出版株式
　会社

高須教夫［1996］『連結会計論』森山書店。

TAC 株式会社（税理士講座）編著［2022］『2023 年度版みんなが欲しかった！税
　理士財務諸表論の教科書 & 問題集（5）理論編』TAC 出版。

東京証券取引所［2022］「決算短信・四半期決算短信作成要領等」
　https://www.jpx.co.jp/equities/listed-co/format/summary/index.html
　（2023 年 10 月 5 日アクセス）

谷武幸・桜井久勝・北川教央編［2021］『1 からの会計　第 2 版』中央経済社。

法規等

企業会計基準委員会（ASBJ）企業会計基準

『新版　会計法規集　第 13 版』中央経済社。

【執筆者紹介―執筆順】

宮　武　記　章：第1章，第2章第1節，第2節（2－1から2－7），第3節（3－1～3－3，
　　　　　　　　　3－6，3－8～3－12），第4節（4－1～4－2）を担当
　1997年：大阪経済大学 経営学部経営情報学科卒業
　2004年：関西学院大学大学院 商学研究科博士後期課程単位取得
　　　　　　大商学園高等学校専任講師，大阪経済大学非常勤講師を経て
　2008年：大阪経済大学 経営情報学部専任講師
　2012年：大阪経済大学 情報社会学部准教授
　2018年：大阪経済大学 情報社会部教授
　主要著書：「環境報告書・CSR報告書から統合報告書へ」『統合報告書による開示の新潮
　　　　　　流』（共著）同文舘出版，2014年。
　　　　　　「公正価値会計の登場とその時代的背景」渡邉泉編著『歴史から見る公正価値
　　　　　　会計―会計の根源的な役割を問う―』森山書店，2013年。
　　　　　　「サステナビリティ報告書の国際的動向」平松一夫編著『国際財務報告論―会
　　　　　　計基準の収斂と新たな展開―』中央経済社，2007年。

岡　田　華　奈：第2章第2節（2－8），第3節（3－4，3－5，3－7），第4節（4－3）を
　　　　　　　　　担当
　2012年：神戸大学経営学部卒業
　2017年：神戸大学大学院経営学研究科 博士課程後期課程修了
　2017年：新潟産業大学 経済学部助教
　2019年：大阪経済大学 経営学部専任講師
　2024年：大阪経済大学 経営学部准教授
　　　　　　神戸大学博士（経営学）
　主要著書：Okada, K., Komori, N., and Kokubu, K. (2020). Toward Sustainable Production:
　　　　　　The Role of Emotion in Material Flow Cost Accounting. In Kokubu, K. and Y.
　　　　　　Nagasaka (eds.) *Sustainability Management and Business Strategy in Asia*:
　　　　　　World Scientific.
　　　　　　「MFCAの継続的適用―「尾張会社」の事例分析―」國部克彦・中嶌道靖編著
　　　　　　『マテリアルフローコスト会計の理論と実践』同文舘出版，2018年。
　　　　　　「組織間管理会計とマテリアルフローコスト会計」『社会関連会計研究』第27号，
　　　　　　2015年10月。

大　川　裕　介：第3章第1節～第6節を担当
　1993年：神戸大学 文学部卒業
　1995年：大阪府庁 入庁（2011年まで）
　2013年：有限責任監査法人トーマツ 入所（2018年まで）
　　　　　　公認会計士登録（近畿会）
　2021年：ノースアジア大学 経済学部専任講師

2022年：関西大学大学院 商学研究科 博士課程後期課程修了
　　　　大阪経済大学 経営学部専任講師
　　　　関西大学博士（商学）
主要著書：『入門　公会計の仕組み』馬場英明・大川裕介・林伸一編著，中央経済社，
　　　　　2016年。
　　　　　『公会計と公共マネジメント』馬場英明・大川裕介・横田慎一，中央経済社，
　　　　　2021年。

杉　田　武　志：第3章第7節～第13節を担当
　2002年：松山大学 経営学部卒業
　2008年：神戸大学大学院 経営学研究科博士課程後期課程修了
　2008年：広島経済大学 経済学部専任講師
　2011年：広島経済大学 経済学部准教授
　2013年：大阪経済大学 情報社会学部准教授
　2016年：大阪経済大学 情報社会学部教授
　　　　　神戸大学博士（経営学）
　主要著書：「株式会社の起源―イギリス東インド会社と南海会社―」中野常男・清水泰洋
　　　　　　編著『近代会計史入門』同文舘出版，2014年。
　　　　　　「17世紀における時価評価の実態―イギリス東インド会社の時価評価実務
　　　　　　（1664－1694）―」渡邉泉編著『歴史から見る公正価値会計―会計の根源的な
　　　　　　役割を問う―』森山書店，2013年。

しんかいけい き そ ろん
新会計基礎論 第3版

2016年3月24日　初版第1刷発行
2020年4月7日　第2版第1刷発行
2024年4月11日　第3版第1刷発行

編　者　　大阪経済大学会計学研究室

発行者　　菅　田　直　文

発行所　　有限　森山書店　　東京都千代田区神田司町 2-17
　　　　　会社　　　　　　　　上田司町ビル（〒 101-0054）
　　　TEL 03-3293-7061 FAX 03-3293-7063　振替口座 00180-9-32919

落丁・乱丁本はお取りかえ致します　　印刷／製本・シナノ書籍印刷

ISBN 978-4-8394-2202-8